人生を変える
ご縁を創る
「印象力」
5つの魔法

高倉友美 著

セルバ出版

はじめに

本書は、「印象力で素晴らしい出逢いを創り、ビジネスが発展するご縁や人生を変えるご縁に繋げる方法」を書いた本です。

「印象力を高めて素晴らしい出逢いを創る→信頼関係を構築してご縁を固く結ぶ→ビジネスが発展する・人生が変わる」というプロセスになっています。

主に、これから起業やフリーランスでビジネスを始めようと考えている、又は、始めて間もない女性に向けて書いています。

２０２０年は特に、命の大切さを考える1年になりました。働き方を考え直す方や、人生観が変わった方もいらっしゃるのではないでしょうか？

人生は無限ではありません。誰もがいつか、最後の瞬間を迎えるのです。

そしてその瞬間に、「ああ、いい人生だった」と思える生き方をしたいと思っています。

幸せの基準は人それぞれですが、私たちは最後まで心が満たされる人生を送りたいと願っています。

幸せな人生への礎、それは〝人との繋がり〟です。

誰と出逢い、どのような関係を築くかで変わってきます。

素晴らしい出逢いに恵まれ、固く結ばれるご縁に繋げたら、人生はよい方向へ開いていくのです。

人生が開くご縁に巡り合うためには、まず自分が魅力的な人間になることです。

魅力的になると、素晴らしい出逢いを創り出せるようになります。

そして、その出逢いを大切に育み、固く結ばれるご縁にするのです。

私は現在、印象力・ビジネスマナー・コミュニケーションスキルの研修・教育事業を行っています。

マナー講師をしていると「元ＣＡ（客室乗務員）ですか？」とよく聞かれますが、華麗な経歴も学歴もなく、大した取り柄もありません。マナー講師には元ＣＡの方が多く、身長が高い私を見てそのように思われるのかもしれません。

子供の頃から特に秀でたものもなく、勉強よりも早く社会に出たいという想いだけは人一倍強い学生でした。

その後、空港旅客案内の仕事に就き、英会話スクールの営業を経て寿退社をしました。

新卒で入社したときは、ビジネスマナーが全く身についていなかったと感じる恥ずかしい失敗も、たくさん経験しています。

よくもそのような人間がマナーを教えることになったなと、自分のことながら不思議に感じます。人生は、面白いですね。

何となく生きてきた人生に、自分が納得していなかったのでしょう。自分が誇れることをやり遂げたいと想いが膨らみ、起業を決意しました。

とはいえ、現実は甘くありません。学歴もお金も人脈もなく大した取り柄もない状態での起業は、非常に厳しいものでした。

その道のりは決して簡単なものではなく、もうダメかもしれないと覚悟したことも一度や二度ではありません。

しかし、印象力を高めてから素晴らしいご縁に恵まれ、魔法がかかったように人生が大きく変わりました。特に、小さなところからビジネスを始める方や実績がまだない方ほど、印象力は必要です。

おかげさまで、今では一部上場企業などの大手企業とビジネスをさせていただくようになりました。ダメな私を支えてくれた、多くの方の存在があったからこそです。

人生はご縁で変わります。

人生を変えるご縁は1つの出逢いから生まれ、その素晴らしい出逢いは自ら創り出すことができるのです。

人生を変えたいと感じているあなたに、私の経験を少しでもお役立ていただければ幸いです。

2020年12月

高倉　友美

人生はご縁で変わる。
ご縁は1つの出逢いから生まれる。
1つのよき出逢いは自ら創り出せる。

人生を変えるご縁を創る「印象力」5つの魔法　目次

第2章　相手の記憶に残る「第一印象」の磨き方〈第1の魔法〉

第3章　相手の心を掴む「第二印象」の伝え方〈第2の魔法〉

第4章　相手のパーソナルスペースに入り込む「出逢い力」の高め方〈第3の魔法〉

第5章　相手の人生の軌跡に残す「大切なご縁」の育み方・結び方〈第4の魔法〉

第6章　印象力を活かす考え方〈第5の魔法〉

第7章　ご縁の法則〈完結編〉

第1章　印象力で人生を変え、出逢いが生まれる〈準備編〉

1　なぜ印象力を身につけると人生が変わり、出逢いが生まれるのか？

印象力ってなに

大した取り柄もなく学歴もお金も人脈もなかった私が、唯一誇れることがあります。

それは、〝ご縁に恵まれる運を持っている〟ということです。

素晴らしいご縁に恵まれたお陰でビジネスが発展し、自分の夢も叶えることができました。

まるで魔法がかかったように、人生が変わったのです。

こんな私が、なぜご縁に恵まれる運を持っているのか？

それは印象力を身につけたことで、よいご縁を結ぶことができたからです。

印象力とは、第一印象と第二印象を高めて信頼関係を構築し、人生を変えるご縁ができる力を表現しています。

初めて出逢ったときに好感を与えて（第一印象）、繋がりたい方との信頼関係を築き（第二印象）、そのご縁を大事に育むことで、ビジネスや人生がより豊かになるということです。

学歴・お金・人脈もなく大した取り柄もありませんでしたが、起業して夢を叶えたいという強い想いが、私を突き動かしました。

しかし当然ながら、想いだけでは順調に行きません。未熟者の私に何度もピンチが訪れ、「もうダメかもしれない・・・」と感じたことも一度や二度ではありませんでした。そのたびに周りの方に助けていただき、今日に至っています。

印象力で自分の評価が決まる

特に印象力の大切さに気づき身につけてからは、人生が大きく変わりました。有難いことに夢も叶え、一部上場企業などの大手企業とビジネスを交わせるようになったのです。

その背景には、印象力が大きく作用していると断言できます。特に、小さなところからビジネスを始める方や実績がまだない方ほど、印象力は必要です。

高い能力を持ちながらも印象力で損をしている勿体ない方がいますが、ビジネスでは相手の評価で自分の仕事が決まります。なぜなら、自社の商品やサービスを利用することを決める人はお客様であり、自分の昇進やお給料を決める人は上司だからです。私達は、常に周りの方や他人から評価され、自分の評価が決まるのです。

よい評価を受けるには、まず人に好かれることが大切です。

基本的に人に好かれる人は、人を引き寄せる力を持ち、自然と出逢いが増えます。

更に、人に好かれて良好な関係を築ける人は、仕事でも周りのサポートを受けやすく、スムーズに仕事が進みます。そして、成功の確率が高まります。

つまり、印象力を身につけている人は、人生を変える出逢いが生まれやすいのです。

2　第一印象・第二印象とは

印象力の定義

ここで、私が考える印象力の定義をお伝えします。

印象力とは、第一印象と第二印象（信頼関係の構築）を高め、繋がったご縁を大切に育むことで人生を変えるご縁ができることを表現しています。

結果として、ビジネスに繋がる、夢が叶う、人生がより豊かになる力へ発展します。

（注：第二印象とは、信頼関係を構築するコミュニケーションスキルと定義しています）

初めて出逢ったときに好感を与える（第一印象）→繋がりたい方との信頼関係を築く（第二印象）→そのご縁を大事に育み結ぶ→ビジネスが発展する・夢が叶う、人生がより豊かになるという流れで創り出されます。

しかし、印象力はスキルさえ身につけてしまえばよいということではありません。印象力の土台となる〝考え方〟も重要です。

桜の木に例えてみると

印象力を桜の木に例えてみましょう。桜が綺麗な花を咲かせるには、根や幹が頑丈でなければな

〔図表1　桜の木〕

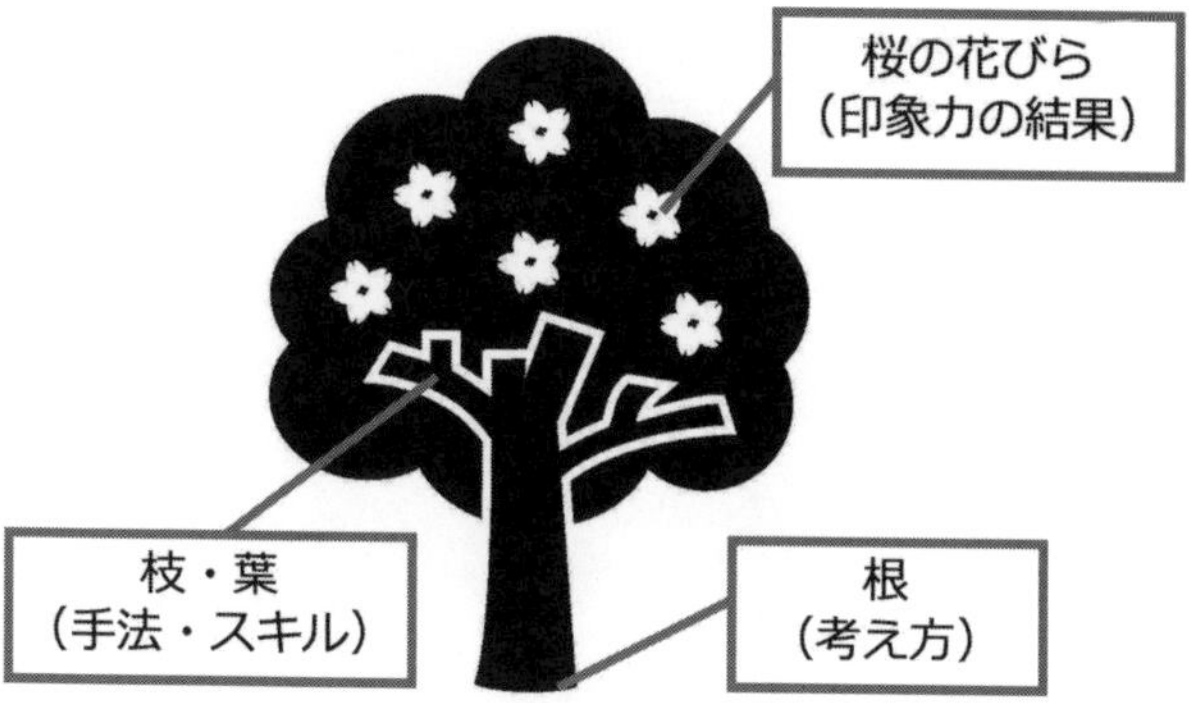

印象力を桜の木に例えると・・・

りません。更に成長すると枝葉が伸び、そこからつぼみができます。そして春になり、開花するための条件が整ったときに桜の花が咲き始めます。

毎年綺麗に桜の花を咲かせるためには、まず頑丈な根や幹があり、元気に成長した枝葉が必要なのです。

印象力を桜の木に置き換えると、桜の花が「印象力の結果」、枝葉が「手法・スキル」、丈夫な幹や根が「考え方」です。

印象力の結果（桜の花）を出すためには、しっかりとした考え方（根や幹）があり、信頼関係を構築するための手法・スキル（枝葉）を身につけて、活かしながら関係を育むことです。

印象力という言葉から、見た目の部分である〝第一印象〟を強く連想される方が多いのですが、実は〝考え方〟が大きく影響していることがおわかりになると思います。土台となる根や幹の部分がしっかりとしたものでなければ、桜の花は咲かないのです。

3　第一印象で気づいた出来事

見た目の印象があなたのイメージ創りに影響する

ある日、研修講師が多数集まる会に出席していました。座って待機していると、1人の女性講師が部屋に入ってきたのです。

その瞬間、私は女性講師に目を奪われました。「なんて素敵な方なんだろう・・・。きっと、講師として活躍されている方なのだろうな・・・」と思いました。

ところがよく話を聞いてみると、その方はまだ経験が浅い新人講師だと言うのです。

この事実に大変驚きました。第一印象があまりにも格好よく、自信に満ち溢れた表情や動作から、バリバリと仕事をしている方にしか見えなかったからです。

そこで私はハッと気づきました。見た目の印象が、その人のイメージ創りに大きな影響を与えていることを。

頭では理解していましたが、本当の意味で理解し、腑に落ちた瞬間でした。

第一印象のインパクトがいかに大事であるかを認識した私は、この日を境に自分の印象について深く考えるようになったのです。

4　第二印象（信頼関係構築）が欠かせない理由

ビジネスでは、信頼関係が欠かせない

では、第一印象さえよければ、ビジネスに繋がるのでしょうか？

答えは、当然ＮＯですね。ビジネスでは、信頼関係が欠かせないからです。

最近身近になったフリマアプリのサイトを見ても、第一印象だけでは取引に繋がらないことがわかります。気軽に出品・購入ができるようになりましたので、実際に利用された方も多いのではないでしょうか？　私も何度か利用したことがあります。とても簡単に出品・購入ができますし、何よりもお互いを評価するシステムになっている点は、取引する際の安心材料に繋がります。

例えば、購入者の心理で考えた場合、まず購入したい商品を探します。

出品されている写真や商品説明などを見てよさそうなものを選び、出品者の情報（アイコン写真、プロフィール、過去の出品商品、評価など）を確認し、問題なければ購入へ進むでしょう。

一度も顔を合わせたことがない相手と取引をする際の判断基準は、写真の印象や商品説明の書き方、評価の情報といった部分ではないでしょうか。

つまり、購入者は見た目の情報（第一印象）を最初に確認し、次のアクションに繋げるかを判断しています。

●購入時の見た目の情報（第一印象）
・写真は鮮明で、商品の状態がわかるように撮影されているか？
・プロフィールに、必要最低限の情報が入っているか？
・商品説明は、購入者が知りたい内容が書かれているか？　など
●その次に、出品者が信頼できる人かどうかを見極めます（信頼関係）。
・どのような評価をされているのか？
・過去の取引ではスムーズな取引ができているのか？
・プロフィールや商品説明の書き方から、どのような人物と想定できるか？　など

ビジネスに繋げるポイント

これらの情報から、安心して取引ができる信頼できそうな人を選び、購入へ進むことになります。

どんなに写真が綺麗でも、不信感を抱く商品説明や評価では購入しません。

逆に、プロフィールや商品説明の情報が豊富で、評価も悪くない場合でも、購入者が一番知りたい情報がなく写真がぼやけていては、商品の魅力が伝わりません。

おそらく、購入を躊躇させてしまうでしょう。

ビジネスに繋げるためには、見た目の第一印象だけでなく、信頼が欠かせないのです。

第一印象がよくても相手に信頼されなければ取引は成立しませんし、信頼される人でも第一印象

が悪いと損をする部分が出てきます。

印象力は、第一印象と信頼関係が相互関係にあるのです。

5　印象力が与える影響

印象がもたらす魔法

印象力を身につけていると、ビジネスがスムーズに繋がります。

ある新規ビジネスの打ち合わせを行ったときのことです。その日は午前中に入っていた仕事の関係で荷物が多く、小型のスーツケースを引いて向かいました。打ち合わせ場所に到着すると既に他の方はいらっしゃっていましたので、スーツケースを端に置いて直ぐにご挨拶しました。

この動作を見たある経営者の方が、私の姿を見て「きっとこの人は、バリバリ仕事をしているに違いない」と思ったそうです。

真実は・・・残念ながら違いました。このときの私は、まだまだビジネスが安定せずに必死だった頃です。

私が行ったことは、〝スーツケースで登場してサッと荷物を置いてご挨拶した〟ただそれだけのことです。〝スーツケース〟が出張や旅行を連想させるかもしれませんが、歩き方や動作、表情、話し方が影響を与えたと考えています。そして第二印象では、信頼されるように努めました。

その方とは長い間一緒にビジネスをさせていただきましたが、現在も親交がある方のお1人です。

この経験から、ビジネスに繋がる関係に発展させる鍵は、初対面のインパクトであると実感しました。

そして、ビジネスで信頼関係を構築した先で末長くお付き合いできるご縁に発展したら、それはとても有難いことなのだと思います。

6 印象力が引き寄せたご縁と奇跡

奇跡を引き寄せる印象力

印象力を身につけると、驚くような奇跡が起こります。

ある経営者の会合にお手伝いで参加したときのことです。

その会合の出席者の中に、以前どこかでご挨拶したことがあるような方がいらっしゃいました。

しかし、お名前をハッキリと思い出せず、直接お話することもできない状況でしたので、そのときはお名前だけ控えて終わりました。

数日後、今まで名刺交換した方の名刺整理をしていました。数十枚ほどめくったところで、1枚の名刺に目が止まります。お名前を見て、「あっ、この方!」と思わず声を上げてしまいました。

先日の会合で、お名前を控えた方だと思ったからです。そして、控えておいたメモを確認すると、やはり同じ方でした。

私は次の瞬間、携帯電話を取り、名刺に書かれているご連絡先の番号を押していました。

ご本人がいらっしゃいましたので、自己紹介をしてから、先日の会合にお手伝いとしていたこと、以前名刺交換させていただいたことなど、今までの経緯を伝えました。

その場でアポイントを取り、数日後にオフィスに伺ったのです。

再会したときは私のことを思い出してくださった様子で、楽しく会話をさせていただきました。

この再会を機に、大手不動産会社の経営者の方を紹介してくださり、ビジネスに発展したのです。

偶然が重なり、奇跡が起きました。

また、別の例では、滅多にお目にかかれない方とご縁が繋がることもありました。

きっかけは、１つのビジネス交流会に出席したことです。その交流会で、ゲストスピーカーとしていらっしゃった一部上場企業・名誉顧問の方とご縁をいただきました。そしてこのご縁から、一緒にビジネスをすることになったのです。

ここまでの経緯だけでも驚きの展開ですが、更にご縁が繋がります。

あるとき、主催する会にゲストをお招きし、イベントを開催しようという話になりました。

話を進める中で名誉顧問から直接、大手生命保険会社・最高顧問の方をご紹介いただき、主催する会にお招きできたのです。可愛らしい動物のキャラクターが目印の企業様です。

また、ハイクラスなビジネス交流会に出席したときには、名誉顧問を通して飲食業界大手企業の経営者の方と名刺交換させていただき、ビジネスに発展しました。

店舗を全国に展開されている企業様ですので、一度はお聞きになったことがあると思います。

このように、印象力は奇跡も引き寄せるのです。

7　印象力を高めるために最初にすべきこと

印象力の魔法を手に入れよう！

印象力を高める準備として、大事な4つのことをお伝えします。

1つ目は、「自分を変える！」と決意することです。必ず最後までやり通す、固い決意でなければなりません。

2つ目は、どのような自分になりたいか、理想の姿をイメージします。憧れている有名人などがいるなら、イメージしやすいでしょう。

3つ目は、憧れの人のように振る舞うのです。話し方、歩き方、発する言葉まで同じように、その人になりきって過ごすのです。

憧れの人の真似だとしても、続けているといつか本物になります。

「もし○○さんだったら、こう考えて対応するだろうな・・・」と想像しながら行動します。

自分も憧れの人のようになれると言い切れるくらい、自信が持てるまで自分に暗示をかけてください。自分を最大限、褒めましょう。よい意味で、自意識過剰になることです。

自分に自信がない人は、小さな自信を増やしていくことがコツです。

「私ってすごい！　やればできる！」と自分を褒める。綺麗な姿勢で歩けていると感じたら「まるで憧れの○○さんのようね」とよい言葉を浴びる。仕事で上手くいったら「よくやった！　やれば必ずできる！」と自分を肯定し、認めてあげる。

そうやって、少しずつ自信をつけます。

４つ目は、自然に振る舞えるまで実践し続けることです。実践の継続が、４つの中で最も重要であり最も大きな課題と言えるかもしれませんね。

●第1章のまとめ● 「印象力5つの魔法を活かす88のルール・1〜7」

1 ∞印象力で人生を変える出逢いを生み出そう
2 ∞印象力は第一印象と第二印象（信頼関係構築）で人生を変えるご縁ができるスキルと覚えよう
3 ∞人は初対面で相手の印象を決めると心得よう
4 ∞〝信頼関係がないとビジネスは成り立たない〟と心に刻み込もう
5 ∞初対面のインパクトで次のステップへの鍵を手に入れよう
6 ∞印象力で奇跡を引き寄せよう
7 ∞印象力の始まりは決意→イメージ→自己暗示、そして実践へ繋げよう

第2章　相手の記憶に残る「第一印象」の磨き方〈第1の魔法〉

8　モルフォ蝶のようになるために

一瞬で虜になる第一印象とは

第2章では、出逢いの入口を広げる第一印象についてお伝えします。

中南米に生息するモルフォ蝶は、最も美しい蝶と言われ人々を魅了します。翅を広げると光沢感のある青い色が顔を出しますが、本来持っている色ではありません。これは構造色と呼ばれるもので、モルフォ蝶が持つ鱗粉の構造と光の関係で生み出されます。とても不思議な魅力を持つ蝶です。

なぜ人々は、美しいモルフォ蝶に魅了されるのでしょうか？

それは、「生きた宝石」と称されるほど、貴重な生物とされているからです。だからこそ、人々は〝見たい〟という願望が湧き、惹かれるのだと思います。

人間も同じで、美しく貴重な存在になると、人を惹きつける力を持つようになります。向こうから人がやってくるのです。

〝美しい翅〟を人に例えるなら、顔のつくりそのものではなく、表情やしぐさ、その人が醸し出す雰囲気です。どんなに美しい顔立ちでも、いつも不機嫌そうな表情では人は寄り付きません。

モデルさんのように素晴らしいプロポーションだとしても、ヒールを引きずるように歩いていては折角の魅力が台無しです。

料理で言うと、高級食材を与えられたとしても正しく管理できず、鮮度が落ちた食材で調理するようなものです。傷んだ食材よりも、家にある新鮮な食材で上手に調理したほうが、最高の料理に仕上がります。

与えられた素材を大切にして、どう上手く活かすかが重要なのです。

〝貴重な存在〟は、シンプルに表現すると、一緒にいると相手が幸せな気持ちになれるということです。相手を幸せにするためには、コミュニケーションスキルを身につける必要があります。

コミュニケーションスキルは、生まれ持ったものではなく後天的に得ることができる要素です。スキルが足りなければ、磨けばよいのです。

つまり、誰でも〝美しく貴重な存在〟になることは可能であり、自ら創り上げることができるということです。

その気さえあれば、あなたもサナギから羽化し、美しいモルフォ蝶のような存在になれるのです。

9　誰にでもあることではない「二度見される人」になる

見た目の要素と内面の要素

表参道を歩いていたとき、人目を引く女性を見かけたことがあります。同性としても素敵だと感じさせ、思わず振り返って見てしまう人です。

人は出逢って数秒で相手の雰囲気を感じ取り、印象を決定づけると言われています。人の雰囲気は、見た目の要素（服装・表情・歩き方・姿勢など）と、内面の要素（思考・自信などの心理面）から醸し出されます。

どちらも大事な要素ですが、最も影響を与えるのは内面から醸し出される要素だと考えています。なぜなら、心の状態は自然と行動や外見に表れ、見た目にも大きな影響を与えるからです。

子供が中学や高校に入学すると新しい制服に袖を通しますが、始めの頃は子供よりも制服のほうが目立っていました。新たな環境に変わり、不安や自信のなさが表情・態度に表れていたからだと思います。中身が追いついていなければ素敵な服もフィットせず、ぎこちなく見えます。

徐々に新たな環境に慣れてくると制服も馴染み、〝らしさ〟が内面から醸し出されます。

そして制服が馴染んでくると、今度は本人の個性が出てきます。同じ制服を着ていても、髪型や鞄に付けるアクセサリーの好みも異なり、選ぶものにも個性が表れます。

性格もそれぞれですから、外交的か又は内向的かによって、表情や行動にも違いが出てきます。

自分の個性を出す

第一印象を創り出す際、ご自身の個性を出すことも大きなポイントです。

個性をプラスするとオリジナル性が出て、雰囲気に魅力が増します。誰にでも長所はありますから、そこを上手く活かすことです。長所がないと思っている方、短所だと感じているところも長所になります。長所は短所にもなり、短所は長所にもなり得るのです。

私は子供の頃から背が高く、コンプレックスでもありました。今では逆に長所と捉えていますので、背が高いことを個性としました。

つまり、〝背が高い〟＝〝目立つ〟と考え、動きや動作を武器にできると思ったのです。

歩き方や立ち方、座り方などの動作を綺麗に見せると、よい印象を目立たせることができます。

歩くときは颯爽と、立っているときは背筋を伸ばして美しいラインで、座っているときは姿勢や足元に注意し、体に染み込ませるように個性を強化しました。

ぜひご自身の強みを活かした個性で、あなたの魅力を表現してください。

そして、すれ違った瞬間に二度見されるような、「素敵な人だな」と思われる人を目指しましょう。

内面の重要性については、「第６章　印象力を活かす考え方」でお伝えします。

まず、外見を整えることから始めましょう。

10　身だしなみ・服装のポイント

身だしなみ・服装・小物であなたの魅力を引き出す

ビジネスシーンの身だしなみ・服装のポイントは主に３つ、清潔感・品格を感じさせる・ＴＰＯ（時 Time・場所 Place・場合 Occasion）に合わせてコーディネートすることです。

ビジネスでは、服装・身だしなみにおいても相手に対する気遣いが重要です。

お客様を不快にさせない、ビジネスパートナーや同僚などの身内にも恥をかかせないよう配慮して身だしなみ・服装を整えることが必要です。

また、身支度する際は鏡を見てチェックすると思いますが、このとき、ぜひ後ろ姿も確認してください。後ろ髪がボサボサ、襟がめくれている、ストッキングが伝線している・・・など、後ろ姿まで気が回らない状態の方をお見かけします。

それでは〝細かいところまで気にしない無神経な人〟と、あなたの内面まで疑われてしまいます。

ちょっとしたことで誤解されるのは、とても残念なことですよね。

周りの人は、あなたのことを３６０度どこからでも見ることができます。

あなた自身が恥をかかないためにも、出かける前は必ず前と後ろの全身をチェックしましょう。

外出先でも、お化粧室に入ったときは同じように確認し、習慣にすることです。

11　ワンランク上を演出するには

ビジネスの服装で気をつけること

仕事用の制服がない場合は自己の判断に委ねられますので、基本を理解しておく必要があります。その上で、個性を主張しすぎない程度に魅力を表現することです。

私の場合、ビジネスの服装で気をつけているポリシーが、３つあります。

１つ目は、「綺麗に着こなす」ことです。

高価な服でなくても、クリーニングされて綺麗な状態、洗濯した衣類がきちんとアイロンがけされている、色あせ・シミ・ほつれがないなど、衣類が美しい状態であることに気を配ります。

２つ目は、「女性らしさを表現できるデザインを選ぶ」ことです。

例えば、袖口や襟元のラインを女性らしく見せるデザインや、スカート丈の長さ・曲線にもこだわります。また、ブラウスなどは光沢感のあるものを選び品性を表現できるように意識しています。

３つ目は、「外出するときは必ずジャケットを持参する」ことです。

アポイントがない日でも外出するときは、必ずジャケットを持参しています。どこで誰に出会っても恥ずかしくない格好でいたいからです。

夏の時期はクールビズで対応する企業もありますが、私は真夏でもクライアントや人と会うときには礼儀としてジャケットを羽織ります。

以上が服装で気をつけていることであり、自身のビジネスを表現するためのこだわりです。ぜひあなたの魅力を上手にアピールできるよう、ご自身に合った服装を選んでください。その際は、個性を主張しすぎないように。

プライベートでは自由に好みの服を選んでも構いませんが、ビジネスでは相手のためにオシャレすると心得ておくとよいかもしれません。

12 印象を効果的に魅せる色づかい

自分に似合う色を知る

印象を効果的に魅せるために、自分に似合う色を知ることも大切です。

私が印象力を意識してから明らかに変化した要素の中に、色づかいがあります。

まず、服や鞄などの小物類を選ぶ色が変わりました。子育て中は実用的なものを優先して服を選んでいましたので、自然と地味な色を選ぶことが多かったような気がします。

ところが起業後は人と会う機会が増えますから、明るい色を取り入れるようになり、新たな発見も生まれました。

もちろん、ビジネスシーンによって色を使い分ける必要もあります。自分の個性を取り入れても構わないときは、紺や白がベースの服＋鮮やかなブルーの鞄など、小物で華やかさを演出します。

以前、カラーコーディネーターの方からアドバイスしていただいたことがありますので、意識的に似合う色を取り入れています。

自分が好きな色と似合う色は、異なることがあります。似合う色を知ることは、印象創りにとても参考になるでしょう。

13 メイクを楽しむ

メイクで心まで変化

女性はメイクの仕方で、印象が変わります。

私はメイクに自信がありませんでしたので、一度専門の方に教えていただいたことがあります。

普段使用しているメイク用品を使ってメイクをしていただきましたが、劇的に印象が変わりました。

ファンデーションの塗り方1つにしてもコツがあり、カバー力を残しつつも自然にツヤ感が出る方法があります。眉毛の描き方も、眉頭・眉山・眉尻をどの位置にするかで、表情が変わってしまうのです。

メイク指導していただいたことで自分でも驚くほど変化が現れ、鏡を見るたびに嬉しく楽しい1

日になりました。

メイク1つで、心まで変化します。

最近では、手に入りやすい価格のプチプラコスメも品揃えが豊富で、優秀な商品が沢山販売されています。決して高額な商品を買う必要はなく、コツを知るだけで変身できるのです。

メイクの仕方は、YouTubeなどに様々な動画が投稿されていますから、気軽に情報を得ることができます。

他にも、コスメ関連の雑誌で研究する、化粧品売り場の販売員の方からコツを聞くなどの方法でも十分上達できますから、楽しみながらメイクを研究してみてはいかがでしょうか？

ビジネスマナーでは、女性がメイクすることを基本としています。

メイクで印象がガラリと変われるのですから、活用しない手はありませんね。

14　ビジネスアイテム三種の神器を持つ

アイテムにこだわりを入れる

ビジネスシーンで使用するアイテムにこだわりを入れると、仕事のセンスが光ります。

今まで数多くの経営者にお会いしましたが、成功している方やビジネスセンスのある方は、こだわりのアイテムを持っています。

そしてそのアイテムを、長く愛用しています。

私は仕事のモチベーションが高まるという理由から、こだわっているアイテムが３つあります。

それは、名刺入れ・手帳・ペンです。

使用頻度が高いアイテムこそ、気に入ったものを長く使いたいという想いもあり、持っているだけで心躍るようなものを使います。

選ぶ際はデザインと使いやすさに重点をおいて厳選しました。

私のビジネスアイテム三種の神器、すべて仕事の意欲が湧く宝物です。

15　立ち姿も見られている

印象美人をつくる立ち居振る舞い

想像してみてください。あなたがデートの待ち合わせをしているとき、遠くから大好きな彼が歩いてきたとします。あなたはそれに気づかず、立った状態で待っています。徐々に近づいてくる彼。彼の目に映るあなたは、どのような立ち姿でしょうか？

いかがですか？　あなた自身の立ち姿、想像できましたか？

おそらく、彼が来るとわかっていたら、いつどこから見られてもいいように恥ずかしくない待ち方をするのではないでしょうか？

普段、何気なく行う動作も意外と周りに見られています。美しい立ち居振る舞いには体のラインを綺麗に見せるポイントがありますので、意識的に行うことが大切です。

美しい立ち方は、背筋を伸ばし、両足を揃えます。かかとをつけ、つま先は少し開くように立ちます。更に、口角を上げて明るい表情であれば印象美人になるでしょう。

顎を上げる、腕を組む、足を広げるなどは、まるで怒っているような印象を与えますので、ちょっとしたしぐさにも気をつけてください。

人の行動や態度は、その人の内面を表すと言われています。

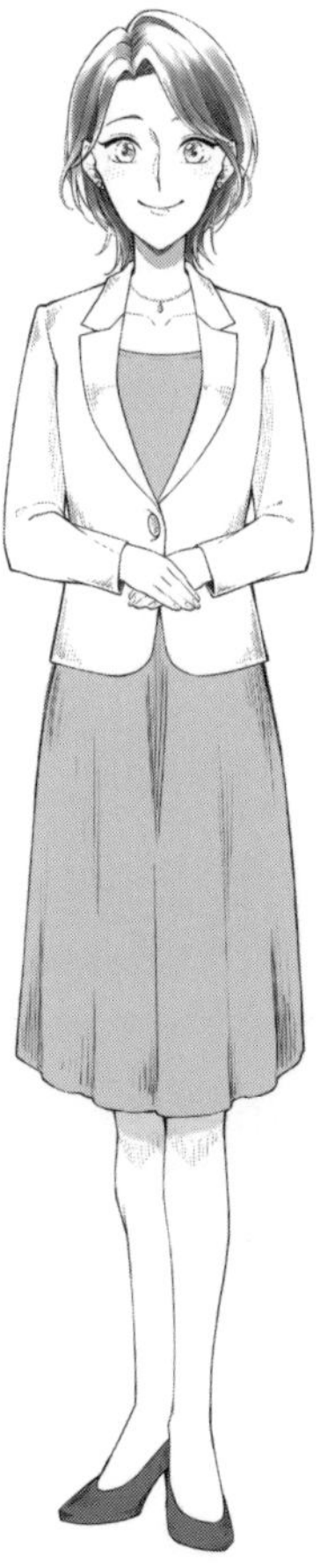

まるで恋人を待つように、美しい立ち方を意識しましょう。

16 座り方で美しく魅せる

カフェに入ったとき、椅子に座っている女性がヒールを脱いで、靴を遊ばせるようにくつろいでいる姿をたまにお見かけます。ホッと一息ついて、心も足元も緩んでしまったのでしょう。あるいは、慣れないヒールから解放された安心感のあらわれなのかもしれませんね。

実はこの姿、本人は気づいていませんが、意外と周りに見えてしまうものです。

美しい座り方は、背筋を伸ばし、背もたれから握りこぶし１つ分をあけます。両足はひざとかかとを揃えます。

女性の場合、両足を揃えて左右どちらかの方向に傾けると、綺麗なラインができて美しい座り姿になります。

周りに見られていることを意識し、品のある座り方を目指しましょう。

17　歩き方は心が表れる

自分を美しく見せる歩き方

歩き姿は、特に心理状態や性格が映し出される部分であり、その人の特徴まで見えてきます。

いつも急ぎ足でカッカッと歩いている人は、せっかちな印象を受けますし、ゆったりと歩く人は穏やかなイメージを想像します。

つまり、歩く姿を綺麗に整えると、印象が大きく変わるということです。

モデルはステージを格好よく歩き華麗な印象を与えますが、それは服の魅力をアピールする歩き方を知っているからです。

あなたも、ご自身を美しく見せる歩き方をぜひ知ってください。

基本の美しい歩き方は、背筋を伸ばし目線を前に真っすぐ向けます。顎を上げすぎないように気をつけます。体の軸も真っすぐにして、1本の線の上を歩くことをイメージします。

あなたの輝くオーラを放つように、歩いてみましょう。

18　物に命を吹き込む

物を丁寧に扱う

突然、「かばんの中身を見せてください」と言われたら、自信を持って開けますか？財布や化粧ポーチ、ハンカチなどが乱雑に入っていませんか？　取り出したいものがサッと取れるように、整理されている状態でしょうか？

物をどう扱うかで、その人の中身が見えてきます。

乱雑に物を扱う人は、ガサツな印象を受けてしまい、「すべてにおいてガサツなのでは？」と思われてしまいます。

書類や物を渡すときは、相手が受け取りやすいほうに向けて両手で渡す。お店で一度手に取った商品を棚に戻すときは、綺麗に戻す。

相手に対する配慮や物を大切に扱う心があるか、問われるしぐさです。

魅力的な人は、物を丁寧に扱うことを心得ています。

物を丁寧に扱える人は、人も大切にできる人です。

物に魂が宿っているかのように、扱いましょう。

19　拾うときにもしぐさあり

しなやかなしぐさで差をつける

物を拾うときにも、しなやかなしぐさを表現できるコツがあります。

前屈するように拾うのではなく、しゃがんで拾います。しゃがむときは、前かがみにならないように背筋を伸ばして腰を落とします。

立つときも、その姿勢を崩さずにスッと立ち上がると美しい姿になります。

ひらひらと舞うように、拾ってみましょう。

20　意識するのは指先

指先まで意識を向ける

女性らしいしなやかさや品のある雰囲気を出すポイントは、指先まで意識を向けることです。物や方向を指し示すときは、指先を広げずに揃えます。指と指の間に隙間があると、雑な印象を与えてしまうからです。

物の受け渡し時に添える手や、湯呑み茶碗を持つ手も、指先を揃えると品性を感じさせます。また、どんなにしぐさが美しくても、マニキュアが剥がれた状態では台無しです。指先のお手入れにも、意識を向けてください。

指先まで意識を向けることは、美しいしぐさに見える大事なポイントです。

21　人に好かれる人はあいさつ上手

第一印象が変わるあいさつの仕方

信号待ちをしていたとき、交通取締りをしていた警察官と目が合いました。すると次の瞬間、その警察官が会釈してくれたのです。警察官の予想外の対応に正直驚きましたが、とても嬉しい気持ちになりました。きっと彼は警察官としての仕事に誇りを持ち、人に優しくできる人なのでしょう。好感が持てたことは、言うまでもありません。

あいさつは、人間関係構築の入口。自分の心を開き、相手を認め受け入れることを意味します。

笑顔でニッコリあいさつをされて気分が悪くなる人は、あまりいませんよね？

仕事ができる人ほど、あいさつの重要性を理解し、自ら実践しています。

〔図表２　あいさつの基本〕

「あ（明るく）」	表情や声のトーンに変化をつけます。声の高低・音量などを調整し、笑顔で明るい雰囲気を表現します。
「い（いつでも）」	相手の状況やＴＰＯを考えて声をかけます。いつでもそうすることが基本ですが、静かにしなければならない場所などでは、状況に合わせたあいさつが求められます。
「さ（先に）」	自分から先に、進んであいさつします。部下からあいさつされるのを待っている上司がいますが、自分から気持ちのよいあいさつをする方が好かれますし、リーダーとして尊敬されます。
「つ（続けて）」	「おはようございます。今日は寒いですね」と、あいさつの後に天候や近況などの話題を添えて、会話を続けることです。好感を与えるあいさつで、心の扉を開きましょう。

22　相手が見ていなくてもお辞儀をしますか？

本心を見抜かれるお辞儀

電話で感謝やお詫びの気持ちを相手に伝えるとき、自然とお辞儀をしていた経験はありませんか？　目の前に相手がいなくても、自分の気持ちが自然と態度に出てしまうことがあります。

相手が見ていなくてもお辞儀をするか、そこに人の本心が見えてきます。

神社参拝を習慣にしている私は、全国様々な神社を参拝します。

神社に入るときは、鳥居の前で一礼してから入る。この参拝のマナーは今では広く知られていますから、ご存知の方も多いでしょう。

ところが、神社には入らず前を通る際にお辞儀する方を、何度かお見かけしたことがあります。

鳥居の前を素通りするのではなく立ち止まり、神様に頭を下げてから前を通るのです。

おそらく、その地域にお住いの方なのでしょう。日常的に神社前の道を通っている様子が、伺えました。

地域の神様に信仰心を持ち、日頃から敬意を持って行動しているのです。

目の前に神様のお姿は見えずとも、深々と気持ちを込めてお辞儀する姿に、その方のお人柄や心の中が伝わってきました。

お辞儀をするのは、お礼や感謝、お詫びの気持ちを伝える等の場面が一般的ですが、このように目に見えない存在である神様に対してお辞儀する方もいるのです。

スポーツ選手の中には、競技会場や練習場所に対してお辞儀する方もいます。神聖なる場所と捉え、敬意や感謝の気持ちをお辞儀で表しているのだと思います。

あなたはお辞儀をする相手が目の前に存在しなくても、お辞儀をする人ですか？

心の中を見抜かれてしまう行動の1つです。

23　気持ちを表現する美しいお辞儀

深さ・長さ・メリハリで

気持ちが伝わる美しいお辞儀のポイントは、深さ・長さ・メリハリです。

深さとは、頭を下げる角度。長さは、頭を下げている時間。深ければ深いほど、長ければ長いほど、気持ちが伝わります。メリハリは、言葉（「ありがとうございます」等）を言ってからお辞儀を行い、頭を下げたときに一旦静止して頭を上げるということです。

そしてお辞儀をするときは、腰から曲げて腰～頭上までのラインが一直線になるように意識すると、美しいお辞儀になります。

ポイントを踏まえた上で、次の3種類のお辞儀を使い分けます。

・会釈（上体を15度くらい傾ける）
・敬礼（上体を30度くらい傾ける）
・最敬礼（上体を45度くらい傾ける）

また、人とすれ違うときにするお辞儀は歩きながらではなく、立ち止まって↓相手の目を見て↓笑顔でお辞儀をすると好印象を与えます。相手を大切にしている、敬っているという気持ちも伝わります。

お辞儀のコツを捉えることで、気持ちの伝わり方も大きく変わります。

24　笑顔の効果

笑顔で相手を幸せにできる人になる

私は昔、笑顔が苦手でした。

高校時代に所属していたバトントワリング部では、年1回の大会や高校野球の応援のために日々練習を重ねます。そのとき求められるのは、ダンスやバトントワリングの技術だけではなく、笑顔で踊ることでした。

練習のときに先輩から「笑顔で！」と何度も指導されるのですが、これがなかなかできません。できないから更に何度も言われ、注意されればされるほど笑顔が遠ざかり、しまいには顔が引きつってしまうのです。

どうすれば笑顔で踊れるのか、私は毎日鏡を見て笑顔の特訓をしました。今では懐かしい思い出です。

それから数年後、初めて就職した空港旅客案内の仕事で、笑顔の重要性を実感する出来事がありました。

空港のカウンター業務を担当していたときのことです。カウンター内には、2人の先輩と新人の私が入っていました。人の出入りが少ない時間帯でロビーは閑散としていましたが、お客様はカウンターにいらっしゃいますので、３人は前を向き間隔をあけて待機していました。

すると、１人のお客様がM先輩のところに向かい、出発便について質問しました。M先輩はにこやかに対応します。

少し時間をおいて、別のお客様がいらっしゃいました。すると、そのお客様もM先輩のところに向かい何かを質問されます。私とT先輩の前を素通りして、M先輩の元へ一直線に向かっていきました。

そのときはあまり気にしなかったのですが、お客様がわざわざM先輩のところに行く理由が、３人目のお客様でようやく気づきました。

次のお客様はこちらのカウンターに向かう際、私達３人の顔をサッと見てからM先輩のところに向かわれたのです。それは、笑顔で待機しているM先輩が一番声をかけやすいということを意味していました。

もちろん、T先輩も私も笑顔で待機していたつもりですし、過去に笑顔の特訓を経験している私は自信がありました・・・が、なぜ??

その差は、目が笑っているか、いないかの差だったようです。M先輩とは、明らかに醸し出す雰囲気が異なっていたのでしょうね。

自分ではやっているつもりでも、人には伝わっていないことはよくあることです。

自分の表情や態度を鏡でチェックすることを、習慣にしましょう。

笑顔のポイント

笑顔のポイントは、次の3つです。

・口角を上げる
・歯を見せて笑う
・目が笑っている

コロナウイルスの影響で〝新しい日常〟を迎えてからは、マスクをする機会が増えました。

特にマスクをしているときは、口元が見えない分、笑顔が伝わりにくくなります。

ぜひ、笑顔は〝目まで笑う〟を心がけてください。

25　辛いときこそ笑顔になれる人

明るく笑顔で努力する人の姿に心を打たれる

人間は嬉しいとき、自然と笑顔になります。

では辛いときはどうでしょうか？

生きていると、楽しいことばかりでなく悲しいことや辛いこともやってきます。どんなに辛いときでも笑顔になれる人は、芯の強さを持っている人です。

強さは自分に対する自信です。

何があっても乗り越えられると希望を持ち自分を信じているから、笑顔になれるのだと思います。

そして人は、どんなに辛い状況でも明るく笑顔で努力する人の姿に心を打たれます。

諦めずに勇気を持ち、笑顔で突き進む人の姿に、深く感動します。

そのような光り輝く人を、応援したくなるのです。

笑顔は、誰もが持っているダイヤの原石です。原石をそのままで終わらせるか、それとも磨き上げてダイヤモンドとして輝かせるかは、自分次第です。

ダイヤは硬くて強い石。

ダイヤのように、辛いときや悲しいときにこそ笑顔でいられる強さを持ち、輝きを放つ存在でいたいものです。

26 あなたはその目で何を語りますか？

視線で相手のハートを掴む人になる

目は、想いを伝える力があります。

英会話スクールの営業をしていたときのことです。書店内に設置されたブース内から、通りすがりの方に声をかけるのですが、勧誘されるのではないかと警戒されて避けられることがあります。

というよりも、ほとんどのケースで避けられます。それが日常の姿でした。

そこで、私たちは様々なアプローチ法を考え、お客様との会話を試みます。

その中の1つが、目で相手を引き込む方法でした。

10メートルほど離れている距離から、既にアプローチは始まります。

距離がありますが、相手の目をしっかりと見て、目が合ったら視線を外さずにっこり笑い、パンフレットを差し出します。

もし、目を合わせないようにしている方なら、覗き込むように見て〝あなたに話しかけていますよ〟と表現します。視線で、こちらの想いをしっかり伝えるのです。

はじめは視線を反らしていた方も、距離が近づくにつれて吸い寄せられるようにカウンターまで来てくれることがよくありました。こちらの想いは、伝わったようです。

その後は親しみを込めた視線を意識し、楽しく会話ができるように努めました。

「目ヂカラがある人」などと表現するように、目は心の中を語り、想いを伝える力があります。

あなたなら、想いを伝えたい人に、何をどのような目で語りますか？

27　アイコンタクトの重要性

相手の目を見て微笑む、ゆとりを持つ

「会話をするときは、相手の目を見ましょうね」小さい頃からご家庭や学校で言われてきた言葉。

当たり前のことだとわかっていても、大人になるとどこかへ消えてしまします。スマホ操作をしながら、会話する。パソコン操作をしながら、部下からの質問に答える。〝ながら〟をしているから、視線が相手に向きません。

会話をするとき、相手の目を見ることは基本です。一旦手を止めて、相手の目を見ましょう。真っ直ぐに向けられた視線からは自信や余裕を感じ、話にも説得力が増して信頼されます。

また、会話中に限らず、オフィス内や廊下などで上司・同僚・お客様と目が合うことがあります。そのときは、あなたの感謝や好意の気持ちを伝えるチャンスです。目をそらさずに、ニッコリと微笑みましょう。相手の目を見て微笑む、ゆとりを持つことです。廊下などですれ違うときは、「お疲れ様です」と一言添えて軽く会釈することも忘れないでください。

28　声に変化をつけて伝える優しさ

優しさ溢れる声で相手を包み込む人

昔、よく聞いていたFMラジオで、声が素敵な男性DJの方がいらっしゃいました。

リスナーに対する優しさが声に込められ、声で癒されたことを思い出します。

声が素敵な方は、安心感を与えます。声を聞いているだけで気持ちが落ち着き、信頼できる人という印象を受けます。その人のお人柄までも、見えてくるようです。

元々持っている声の質に個人差はありますが、声のトーンに変化をつけることで印象を変えることはできます。また、声に変化をつけて優しさを表現できれば、信頼される人になります。

例えば、嬉しさを共有したいときは、声のトーンを高くして相手の感情に合わせて話す。相談を受けたときは、トーンを下げてゆっくりと話し、相手の気持ちも落ち着くようにする。

相手を大切な存在だと感じているなら語尾を柔らかくそっと包み込むようにする・・・などです。

声にも気遣いや優しさが感じられると、相手はあなたに安心感を抱き、信頼される人になるでしょう。

29　声を出して反応する

声に出して意思表示をする気遣いが必要

大人になると、声を出して返事をすることが少なくなります。声を出して返事をすることが恥ずかしいと感じている方も、少なくないように感じます。

〝以心伝心〟という言葉のように、言葉や文字を使わなくても気持ちが通じるときもありますが、声に出さなければ相手に伝わらないときもあるのです。相手に気持ちが伝わっているだろう、伝わっているはずだと思っていても、相手には全く理解されていなかったというケースは、よくあることです。

声を出して返事をすることは、相手の問いかけに対して、自分の意思や気持ちをわかりやすく相手に伝えるということ。うなずくだけでは伝える力が足りず、うなずくこともなく無反応では、コミュニケーションを取っているとは言えません。たった一言の「はい」や「いいえ」でさえ、声に出して反応するからこそ信頼関係の構築に繋がるのです。

特に、オンラインコミュニケーションでは、声に出して意思表示をする気遣いが必要です。問いかけられたら、声に出して返事をしましょう。

30　あなたを一言で表現するとしたら？

自分の印象をブランディングする

8から29までの項目では、第一印象の基本をお伝えしてきました。この後の項目では、今までの内容を踏まえた上で自身の印象をブランディングします。

自分をブランディングする上で大事なことは、客観的な視点を持つことです。

はじめに、自分が理想とする姿、なりたい姿を鮮明にイメージします。

・外見（表情・服装・髪型など）
・動作（仕事をしているときの姿・しぐさ・話し方・歩き方など）

・環境（どのようなポジションで、どのような人たちと仕事をしているか？　など）

次に、具体的にイメージができたら、現在の自分と比較します。どこに差異がありますか？常に客観的な視点を持って、現在の自分と理想の姿を比較しましょう。

その際、具体的に書き出して〝見える化〟することです。

そして、自分がなりたいイメージを一言で表現してみます。

〝私といえば○○な女性〟の、○○に入る言葉のことです。

例えば、「私といえば凛とした女性」とシンプルな表現でも構いません。「女性経営者の○○さんのような女性」や「ハリウッド映画○○の主人公○○ような女性」など、具体的に名前が出るとよりイメージしやすくなります。

自分を表現する一言は、印象力を身につける上で大事なキーワードになりますから、心からそうなりたいと願うイメージを表現してください。

31　意外と自分のことはわかっていない？

信頼できる人から意見を聞く

更に、〝自分は周りからどのように見られているのか？〟を知ることも大切です。

そこで、ぜひ行っていただきたいのは、信頼できる人から意見を聴くことです。自分を客観的に見たとしても、まだまだ見えていない部分が隠れていることがあります。

聴くポイントは、初めて出会ったときの自分に対する印象や知り合ってから感じたイメージなど、率直な意見を話してもらうことです。信頼できる人なら、言いにくいマイナスイメージの部分でも話してくれるのではないでしょうか？

その意見を参考にして、理想のイメージを創り上げます。

自分では気づかなかった面が見えてくることがありますので、この方法はぜひおすすめします。

32 自分を客観視する力とモデリングの効果

プロデューサーの目線で自己改革する

イメージができたら、理想の姿になるための実行に移ります。

その際のポイントは、2つあります。

1つ目は、常にもう1人の自分を意識することです。

歩くときも何気なく立っているときも、もう1人の自分が斜め上から見ているような感覚で自分を見つめるのです。これは、客観的な視点を持つための方法です。

2つ目は、モデリングを活用します。

モデリングとは、憧れの人や目標とする人の表情や話し方、身振りなどの動作を真似る方法です。

「○○さんなら、きっとこうするだろう」と考え、真似してみます。その人になりきることで、あなたの思考や感情まで変化が訪れます。すっかり〝なりきる〟ことがポイントです。

根気よく継続すると、自分が変わったことを実感できるでしょう。

プロデューサーの目線に立って、自己改革することです。

●第2章のまとめ●「印象力5つの魔法を活かす88のルール・8〜32」

8 ∞人々を魅了するモルフォ蝶になろう
9 ∞内面から輝いて二度見されよう
10 ∞身だしなみ・服装であなたの美しい心を映そう
11 ∞ビジネスでの服装は、相手のためにお洒落すると心得よう
12 ∞色を使いこなそう
13 ∞メイクで自分を喜ばせてあげよう
14 ∞ビジネスアイテムにこだわりを持とう
15 ∞恋人を待つように立とう
16 ∞座り方で品性を表現しよう

17　∞オーラを放つように歩こう
18　∞魂が宿っているように物を扱おう
19　∞舞うように物を拾おう
20　∞指先まで意識を向けよう
21　∞好感を与えるあいさつで心を掴もう
22　∞相手が見ていなくてもお辞儀しよう
23　∞気持ちが伝わる美しいお辞儀をマスターしよう
24　∞笑顔で人を幸せにしよう
25　∞辛いときこそ笑顔になろう
26　∞目で心を語ろう
27　∞話すときおはアイコンタクトを意識しよう
28　∞声で相手を包み込もう
29　∞声に出して返事をしよう
30　∞自分をブランディングしよう
31　∞信頼できる人の意見を聴こう
32　∞自己改革のプロデューサーになろう

第3章

相手の心を掴む

「第一印象」の伝え方〈第2の魔法〉

33　コミュニケーションはキャッチボール

信頼関係を構築する「コミュニケーション」

第2章では、見た目の要素を整え出逢いの入口を広げる第一印象についてお伝えしてきました。

第3章では、第一印象を活用して信頼関係構築に繋がるコミュニケーションについて触れていきます。

コミュニケーションは、よくキャッチボールにたとえられます。

キャッチボールでは、まずボールを投げる前に、相手が球を受け取る準備ができているのかを確認します。

確認して大丈夫であれば、相手が取れるような球を投げます。「投げるよ！」「行くよ！」などと声をかけることもあるでしょう。

そして球を受け取った人が、今度は相手の状況を確認して、ボールを投げます。通常は、この繰り返しが続きます。

しかし、こちらが受け取る準備もできていない状況で暴投されたら、どのように感じますか？

あるいは、受け取る準備をして待ち構えているのに、全く別の方向へ球を投げられたら？

こちらが球を投げることを相手はわかっているのに、投げた球を無視されたら？

どれも、気持ちのよいものではありません。

普段のコミュニケーションでも、実際にこのようなことが起きているのではないでしょうか？

コミュニケーションは、相手の状況や気持ちに配慮する

相手の状況や気持ちに配慮することは、楽しいキャッチボールに繋げる重要なことです。話すときは聴き手の状況を考えてから話し、聴くときは話し手が気持ちよく話せるよう聴きましょう。

最近では、コロナウィルスの影響を受けて非対面で交わされるビジネスも多くなっています。非対面だからこそ言葉・表情・ジェスチャーなどで相手が理解できるよう、配慮が必要です。

特にオンラインコミュニケーションは、次の要素が求められます。

●オンラインコミュニケーションのポイント

・インターネットや電波の接続環境を整えておく（スムーズなコミュニケーションのために）

・気持ちを具体的に言葉で表現する

・画面上の顔がはっきりと映るようにする（表情から気持ちを読み取れるように）

・表情豊かに、感情表現をする

・早口にならないようにゆっくり、はっきりと発音する

・声に変化をつける

・ジェスチャーを交える
・声や態度による相づち
・聴き取りにくい言葉は確認する
・Ｙｅｓ／Ｎｏは、声に出す

34　相手がもっと聴きたくなる話し方とは

信頼できる話し方

企業が商品の新作発表を行うとき、代表者がステージ上でプレゼンする姿をよく目にします。共通して言えることは、話すスピード・声の音量・表情・ジェスチャーなどの態度に変化をつけて話していることです。

聴き手を惹きつけるために、堂々とゆったり話し、視線を前に向け、身振り手振りで臨場感を出していることが伝わってきます。

人の印象は見た目の部分が大きく左右し、話し手の表情、態度、声の音量などはその人の印象を決定づける重要な情報です。したがって、企業の代表者は「この企業の商品なら信頼できる」とお客様が感じるような話し方をする必要があります。

私が今まで出会った信頼できる方の話し方は、ゆったりとして落ち着いているという特徴がありました。安心感ある話し方は、頼れる人という印象を受けます。

更に、もっと会話をしたいと感じた方は、話の中にユーモアがありました。クスッと笑わせる一言をタイミングよく入れるので、心が和み、ますます会話が弾みます。人を楽しませる余裕のある方は、相手の心を掴むことが上手なのです。

35　抑揚、スピード、間の効果

抑揚、スピード、間を活用して、話し方に彩りを添える

例えば、あなたが小さな子供たちに昔話「桃太郎」の読み聞かせをするとします。どのような話し方をすれば、子供たちが喜び、夢中になって聴いてくれると思いますか？

『むかしむかし、あるところに、おじいさんとおばあさんが住んでいました。
おじいさんは山へ芝刈りに、おばあさんは川へ洗濯に行きました。
（中略）おばあさんが川で洗濯をしていると、どんぶらこ、どんぶらこ、と
おおきな桃が流れてきました』

この文章を、間を取らず一定のスピードで淡々と読んだとしたら・・・。子供たちは眠くなるほど退屈になるでしょう。子供たちを喜ばせるとしたら、面白おかしく抑揚や声に変化をつけて話すのではないでしょうか？

例えば「むか～し、むかし」や「どんぶらこ～どんぶらこ～」と抑揚をつける、「おおきな」では声の音量も大きくして強調する、など情景が目に浮かぶくらい感情表現豊かに話しませんか？自然と、抑揚・スピード・間を効果的に使いこなしていると思います。「おおきな」のところでは、ジェスチャーを入れながら大きさを表現するのも面白いでしょうね。

このように、話し方の表現力を高めてより印象づけると、聴き手の姿勢が変わります。抑揚・スピード・間で相手を引き込み、話に彩りを添えましょう。

オンラインコミュニケーションの場合

オンラインコミュニケーションの場合は、タイムラグが発生することがあります。スピードと間を活用しても上手く伝わらないことがありますので、状況に応じて使い分けることも必要です。

オンラインコミュニケーションで大事なことは、伝えたいことを相手に伝わるように、わかりやすく伝えることです。話すときは、言語コミュニケーションと非言語コミュニケーションを上手に活用して伝えましょう。

36　相手がもっと話したくなる聴き方とは

相手の心を開く・信頼される「聴き方」

昔、インタビュアーの仕事を引き受けたことがあります。有名企業の経営者から、様々なエピソードを伺いました。

１時間ほど経営者の生い立ちや経営の原点・今後の方向性などを聴かせていただくのですが、インタビュアーの聴き方1つで内容が濃いものになるか、薄っぺらいものになるかが決まります。

限られた時間の中で本音を引き出すために、私は信頼される聴き方を意識的に行いました。

中には、思わずポロっと本音が出てしまった方や、滅多に聞けない裏話が出てきた方も・・・。

初対面の私が聴いてしまってよいものかと思う内容もありましたが、インタビューとしては成功です。

相手が心を開き、信頼される聴き方には、5つのポイントがあります。

●信頼される聴き方のポイント①相づち

「はい、そうですね」「なるほど、そういうことでしたか」と、うなずきながら声に出し、相手の話に共感を示します。タイミングが早すぎる相づちや、「はいはいはい」などの適当な返し、相手の目を見ずに相づちを打つなどは要注意。逆に不信感を与えてしまいます。

話の内容によって相づちの言葉を使い分け、タイミングよく行うことがポイントです。

●信頼される聴き方のポイント②質問

話を聴きながら、タイミングよく質問をします。

質問するときに注意して欲しいことは、1つのテーマを質問したらそのテーマに関連した質問を2、3してから、次のテーマについて質問することです。

間違えてしまうと、相手は尋問を受けているように感じます。

例えば、ＡさんとＢさんの会話を見てください。

Ａ「趣味は何かお持ちですか？」

Ｂ「私の趣味は、音楽鑑賞です」

Ａ「音楽鑑賞ですか。いいですね。ご出身はどちらですか？」

Ｂ「出身ですか？　私は東京生まれです」

Ａ「東京がご出身なのですね。好きな食べ物は何ですか？」

Ｂ「えっ、好きな食べ物ですか？　えっと・・・焼肉です・・・」

と、まるでアンケートにでも答えているかのようです。

次は、１つのテーマを掘り下げて質問した会話です。

Ａ「趣味は何かお持ちですか？」

Ｂ「私の趣味は、音楽鑑賞です」

Ａ「音楽鑑賞ですか。いいですね。どのようなジャンルがお好きですか？」

Ｂ「クラシックはよく聞いています。最近は、ジャズも聞くようになりました」

Ａ「ジャズですか！　素敵ですね！　聞き始めたキッカケは何ですか？」

Ｂ「あるバーでお酒を飲んでいたとき、そのお店でジャズが流れていたのですが・・・」

と、このように会話が自然な流れで進むのではないでしょうか。

会話を弾ませる質問のコツは、１つのテーマを〝掘り下げる〟です。

特に初対面の会話では、覚えておきたいポイントです。

そして質問するときはオープンクエスチョンを使い、多くの言葉を引き出します。

オープンクエスチョンは、「何が？」や「どのように？」と５Ｗ１Ｈ方式で質問することで、自由な回答を得ることができる方法です。

逆に、回答範囲が限定される方法を、クローズドクエスチョンと言います。

「Ｙｅｓ」又は「Ｎｏ」での回答や、ＡかＢのどちらかを選ぶ回答方法です。

また、本心を引き出したいときは、「私だったら、そんな経験があったら逃げ出したくなりますが、なぜそこまでできたのですか？」と、相手の立場に置き換えたときの自分の心情を添えて質問してみてください。

●信頼される聴き方のポイント③視線と表情

話を聴くときは、相手の目を見て聴くことが基本です。

表情は、話の内容に合わせて変化させます。楽しい話題のときは笑顔で、悲しい話題のときは悲しみを表す表情で、真剣な話のときはこちらも真剣な表情にします。

相手の気持ちに共感し、感情表現豊かに話を聴きます。

●信頼される聴き方のポイント④態度と姿勢

態度と姿勢で、〝あなたの話に興味があります。関心を持って聴いています〟というサインを送ります。

「お目にかかれて、とても嬉しいです！」の言葉と共に、握手またはジェスチャーで両手を自分の胸元に添える。真剣な話題になったとき、身を乗り出して聴く姿勢を整える。

どちらも、相手に気持ちが伝わる態度と姿勢です。

●信頼される聴き方のポイント⑤メモを取る

話を聞きながら、必ずメモを取ります。メモを取ることで、聴いた内容を忘れることもなく、話し手に〝話を聴いています〟というメッセージを送ることになるからです。

以上①～⑤が、信頼される聴き方のポイントです。

信頼される人になれるかは、あなたの聴く態度次第です。ぜひ、傾聴スキルを高めてください。

37　信頼関係を構築するちょっとしたコツ

信頼関係構築に役立つプラスαのコツ

更に、信頼関係構築に役立つプラスαのコツをお伝えします。言葉以外のコミュニケーション〟非言語コミュニケーション（ノンバーバルコミュニケーション）〃も活用する方法です。

●バックトラック

相手の言葉をオウム返しする、バックトラックという方法があります。

話を要約して返すパターンです。

「先日、名古屋で仕事があってね、帰りに、伊勢神宮へお参りしてきたのよ」

↓「名古屋でのお仕事帰りに、伊勢神宮ですか。それはいいですね！」

「伊勢神宮ですか！」と、キーワードを繰り返しても構いません。

ポイントは、相手の言葉を自然に返すことです。

●ページング

相手から発信される様々な要素を同じように合わせることを、ページングと言います。

人は、自分と共通点の多い人に親しみを感じますから、その要素を増やすのです。

例えば、小さな子供と会話するとき、子供に合わせた話し方をすることがありませんか？

その場面を想像すると、イメージしやすいかもしれません。
・話し方を合わせる（相手の話す速さ・声の大きさ・トーン・テンポ）
・感情を合わせる（相手の感情に合わせた表情や態度）

・話題を合わせる（相手の興味や関心があることを共有）

●ミラーリング

ミラーリングは、ペーシングの一環とも言えます。鏡に映したように、相手の動作を真似することを表現しています。

親しい者同士では、無意識に同じ行動をしているようです。

例えば、１人がお茶を飲むともう1人もお茶を飲むなどは、よくある例です。話し方や会話中の動作も自然と同じようにしているのです。

相手の動作をさりげなくミラーリングすることで、心の距離を縮めていきます。

オンラインコミュニケーションの場合

オンラインコミュニケーションの場合は、〝あなたの話に興味・関心を持って聴いていますよ〟というメッセージを相手にわかるように伝えることが大切です。

対面の場合と違って、相手の気持ちを雰囲気で感じ取ることが難しくなります。

だからこそ、対面時よりも意識的に表情・態度・声の変化・具体的な言葉で、気持ちを表現する配慮が必要です。

口角を上げて話を聴く、うなずきながら返事をするなど、状況に応じて使いこなしましょう。

38　伝えるタイミングと手段を見極める

相手の心に響く・気持ちが届く「伝え方」


ご馳走になったとき、お礼を2回伝えるとより気持ちが届きます。

どのように嬉しいと感じたのか、具体的な感想を添えると喜ばれるでしょう。

1回目は、ご馳走になった当日中にメールで伝えます（又は、翌日中にハガキやお手紙で）。

2回目は、次にお会いしたとき（又は、メールを送るとき）です。

「先日はご馳走になりまして、ありがとうございました。魚料理は大好物ですから、とても嬉しかったです」などと伝えてみましょう。

もし3回目にお伝えするなら、時間が少し経過したときです。

「あのとき、とても美味しいお料理をご馳走になりましたね。その節は、ありがとうございました。今でもあの美味しさが忘れられなくて・・・」と、話の流れでさり気なく伝えることです。

感謝の気持ちを伝えることは、何度あってもいいのではないでしょうか。

そして気持ちを伝えるときは、タイミングと伝える手段の見極めも大切です。

お礼やお詫びは早く伝えることが基本ですから、メールならすぐに対応できますね。現在はメールが主流ですが、あえて手書きにするとよいでしょう。気持ちがより伝わります。私は心から感謝を伝えたいときは、必ずお手紙でお礼を伝えています。

メールの場合は、自分なりの感情を入れて、気持ちを伝えることです。決して定型文を引用しただけの文にならないように、注意してください。

お祝いを贈る際は、タイミングが重要です。

例えば、お祝いのパーティーにお花を贈りたいというときは、早すぎても遅すぎてもいけません。

主催者のご都合や会場の設営のタイミングなどに配慮して、贈りましょう。

39　断るときこそきちんと伝える

真心をこめて返事をする

交流会などのお誘いを受けて、お断りしようと思っているにも関わらず「ぜひ出席してください！」と何度も声を掛けられることがあります。お気持ちは嬉しいのですが、断りにくいものですよね。

お誘いを断るときは、誘ってくれたことに対する感謝、出席できない理由、相手を喜ばせる一言を伝えることです。

「誘ってくれてありがとう。そのような分野の交流会には、今はあまり関心が持てなくて・・・。せっかく誘ってくれたのに、ごめんなさい。今度、○○の分野で開催されるようなら、また声をかけてくださいね。いつも気にかけてくれて、ありがとう」。

このように意思を伝えると、相手も理解してくれるのではないでしょうか。

何度も同じお誘いを受けて、その度に曖昧な返事をするのでは失礼です。

真心込めて、きちんと伝えましょう。

40 言いにくいことを伝えなければならないときは・・・

「申し上げにくいのですが・・・」などと前置きしてから

時には、言いにくいことを伝えなければならないシーンもあります。

そんなときは、「申し上げにくいのですが・・・」や「よいお知らせではないのですが・・・」と前置きしてから話し始めましょう。そうすることで、聴き手は心の準備をした上であなたの話を聴いてくれるようになります。

気持ちを上手に伝える自信がない人は、「大変申し上げにくいことなので、上手く伝えられるか自信がないのですが・・・」と、〝上手く伝える自信がない〟ことを添えると、相手の受け止め方も変わります。

そして、言いにくいことは気持ちを込めて話すことが大事です。

「申し上げにくい」と言っていることを、素っ気なく淡々と言われたらどのような気持ちになりますか？「よいお知らせではない」と言っていることを、笑顔で言われたらどう感じますか？

言葉を伝える時は、表情や態度も重要なポイントになるのです。

41 敬語表現（尊敬語・謙譲語）を適切に使う

相手をたてる・言葉遣いと言葉選び

昔、あるお母様が担任の先生に対して「先生、資料は拝見されましたか？」と質問していました。

ある番組に出ていたタレントさんが先輩のタレントさんに対して「何を召し上がられますか？」と話していました。

ある経営者の方から「先ほど、おっしゃられたように・・・」と言われました。

これはどれも、正しい使い方ではありません。

正しくは、「資料はご覧になりましたか？」「何を召し上がりますか？」「先ほど、おっしゃったように・・・」です。

敬語は、相手を敬う表現である一方で、相手と一定の距離を保つ特徴があります。

尊敬語と謙譲語の使い分けができないと、敬うべき相手に対して大変失礼になり、一定の距離どころか、それ以上の遠い距離を取る羽目になるかもしれません。

敬語に自信がない方は、改めて確認したほうがよいかもしれませんね。

42　クッション言葉の効果

「お手数ですが」などを一言添える

気遣いができる人は、言葉の表現からも優しさを感じます。

例えば、断わるときや依頼するときの表現です。

「〜できません」や「〜してください」と伝えてしまうと、キツイ印象も与えてしまうため、クッション言葉を上手に使いこなしています。

「お手数ですが」「恐れ入りますが」「申し訳ございませんが」など、様々な表現があります。

このように一言添えると、不快感を与えず相手が受け入れやすくなります。

断わるときや依頼するときに添えると柔らかい表現になりますので、ぜひ活用しましょう。

さり気なく使えるようになれば、仕事ができる女性として見られます。

43　言葉も生きている

相手の長所を見つけてさり気なく伝える

クライアント先に、褒め上手なTさんがいました。

その方は顔を合わせるたびに、「おはようございます。いつも笑顔が素敵ですね」と、嬉しい言葉をかけてくれます。相手のよい部分を見つけて幸せな気持ちにしてくれるのです。

人は褒められて悪い気はしません。褒められると気分がよくなり、何よりも心が元気になります。

Tさんは、人の長所を見つけてさり気なく伝えることができる、心の温かい方でした。いつも笑顔で、その優しいお人柄がお顔にも表れていました。

言葉も生きています。

よい言葉は、幸福の羽をつけて人の心に届き、幸せを招きます。

悪い言葉は、トゲとなって人の心を傷つけ、災いを招きます。

どうせ使うなら、よい言葉を使い、お互い幸せな気持ちになりたいですね。

44 〝位置〟が心理に影響を与える

親しくなりたい方との会話は隣か前方斜め横の位置を意識する

人と仲よくなれる〝位置〟があります。

それは、真横または前方斜め横の位置です。この位置は感情に訴えることができると言われ、家族や仲のよい友達、恋人同士では、自然にこの位置でコミュニケーションをとっていることも多いようです。

おそらく、親しい間柄であれば、近距離である隣でも抵抗を感じないでしょう。逆に、近い距離にいることで安心感があるのではないでしょうか？

真正面は、正式なご挨拶などで見られる位置。

真後ろは、視界に入らない位置ですから、仲良くなるには程遠いですね。

親しくなりたい方と会話をするときは、隣または前方斜め横の位置での会話を意識しましょう。

位置を変える際の注意点は、距離が近すぎていないか、不快に感じていないか、相手の反応を見逃さないことです。

後ろに下がる、顔を離すなど、表情・態度・しぐさに気持ちが表れていたら、距離が近いというサインです。

〔図表３　点線丸印の位置が感情に訴えやすい〕

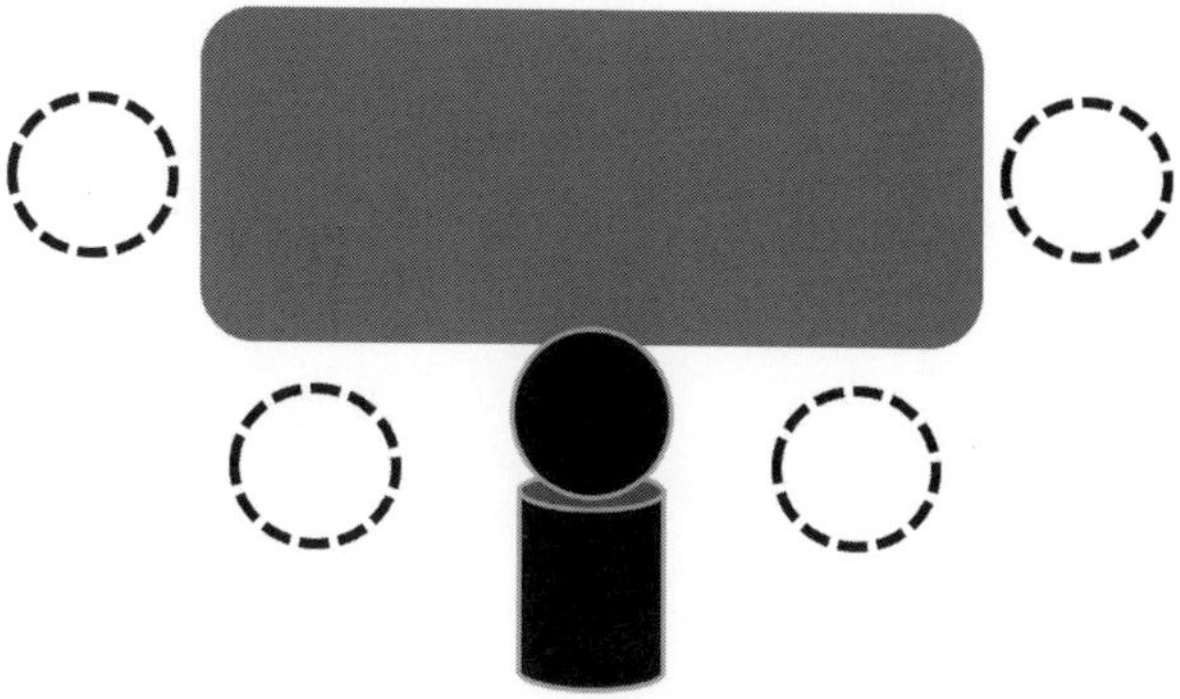

点線丸印の位置が感情に訴えやすい

人にはパーソナルスペースがあり、人によって範囲の大きさが異なります。

外交的な方ほど狭く、内向的な方ほど広くなると言われているようです。

一般的な距離の目安を挙げてみましょう。

・社会的距離（１２０〜３６０㎝）→仕事上のお付合い
・個体距離（45〜１２０㎝）→友人
・密接距離（０〜45㎝）→恋人や家族

個人差もありますから、あくまで目安とします。

これらの位置が心理に与える影響を知り、状況に合わせてコントロールすることです。

但し、現在はソーシャルディスタンスの関係で一定の距離を保たなければならない場合もあります。

その際は、決められたルールを守り、可能な範囲で〝位置〟を活用してください。

45 インパクトを与える「自己PR」3つのポイント

一度で覚えられる・インパクトを与える「自己PR」

英会話スクールの営業時代、ユニークなアプローチでアポイントを取っていた上司がいました。

書店内に設置されたブース内から、通りすがりの方に声をかけるのですが、ほとんどの場合、目を合わせてくれず、警戒されます。そこで、私たちも様々なアプローチ法を考えました。

ある男性上司は、とてもユニークな作戦でアプローチをしていました。

「こんにちは！　本を探しにいらっしゃったのですか？」と声をかけるとすかさず、「今、アンパンマンがこちらのご案内をしているのですが・・・」と、パンフレットを差し出しながら話しかけます。

するとお客様は思わず立ち止まり、「えっ、アンパンマン!?」と上司の顔を見て笑ってしまうのです。

上司はご自分のことを〝アンパンマン〟と表現していました。

少しふっくらとした感じの方でしたから、ご自分の特徴を上手く活用してインパクトを与えるトークをしていたのです。近くにいた私まで、思わず笑ってしまうほどでした。

一度で覚えられる自己紹介には、ポイントが3つあります。

1つ目は、仕事内容を一言で表す表現を創る（役職名とは異なる肩書き）。

↓例「印象力プロデューサー」

２つ目は、インパクトを与えるキーワードを入れる（強みや特徴など）。

↓例「印象力で「魅力的な人と思われたい！」を応援している・・・」

３つ目は　自信を持って話す。

特に名刺交換などの短い会話時にアピールすると、一度で顔を覚えてもらえます。

そして、これらのポイントを踏まえた自己ＰＲを15秒～30秒くらいにまとめておくと、いざというときに対応できます。交流会などでは、自己紹介の時間を設けることが多いためです。突然の自己紹介でも自信を持って対応できるように、準備をしておくことをおすすめします。

46　伝えたいことが伝わる名刺ですか

仕事内容を一言で表現する肩書き

名刺や自己紹介ツールには、相手に伝えたいことが伝わるように書かれていることが大切です。

まず、名刺にどのようなメッセージを記したいかを明確にすることです。

会社名と名前だけ伝われればいいという場合は、シンプルに表現するだけで構わないと思いますが、これからビジネスを広げたいと考えている方は、工夫が必要です。

私の初期の名刺は、一目見たときに〝顔・名前・仕事の内容〟を覚えてもらいたいと考えてつくっていました。顔写真を入れて、仕事内容を一言で表現する肩書きを追加しています。

私の場合、「印象力プロデューサー」という肩書きを入れました。特別な決まりはありませんので、仕事内容を一言で表現する肩書きは自由に創り上げることができます。

また、私が定義する〝印象力〟をわかりやすく伝えるために、補足説明を次のように入れました。

「あなたの魅力を高める第一印象・コミュニケーションスキルを総合プロデュース」と、キャッチコピーのように表現しています。

現在は、紙質にこだわったシンプルな名刺にしていますが、これから人脈を築きたい方は、ぜひ参考にしてください。

47 相手の気持ちを考えて行動できる人

相手が心地よくなる「気配り」

以前、銀座にある某高級レストランで、経営者を対象にしたセミナー&食事会のサロンを定期的に主催していました。

そのレストランはお料理が素晴らしく、五感で楽しませてくれるものばかりです。

利用するたびに、感動したことを思い出します。

そしてお料理も一流ですが、接客も一流でした。

主催者である私は、参加された皆様にご満足いただけるよう、配慮しなければなりません。

席の配置やお料理のタイミング、遅れて参加される方の対応など、レストランと連携を取りながら行う必要がありました。

その場の状況に応じて対応しなければならず、レストランの方は大変だったと思います。

しかしそのような状況でも、参加者をもてなす私の様子をしっかりと見て、私が次にどのような行動を取るのかを読み取った上で接客してくれるのです。

主催するサロンが上手くいくようにと、細かい気配りと笑顔で私を喜ばせてくれました。

その優しいご配慮に、いつも感激していました。

きちんと相手を観察しているからこそ、その人が求めることが想像できるのです。

観察力とは、相手をしっかりと見て、状況を把握する力。

想像力とは、その状況において相手がどのような気持ちで、何を求めているのかを読み取る力。

この２つの力がなければ、ありがた迷惑と言われるかもしれません。

それは、気配りではなく自己満足ですよね。

「観察力と想像力で、相手に喜ばれることをさり気なくする」

これが、気配りに必要なことです。

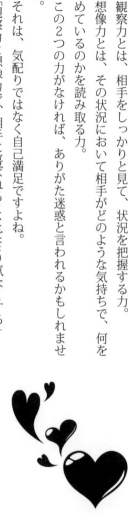

48　相手の時間に対する配慮

いつも遅刻する人、予定の時間をオーバーしても全く気にせずダラダラと会話を続ける人。

このような人を、「時間泥棒さん」と呼んでいます。

人生は無限ではなく、限りあるものです。限られた時間の中で、私たちは生きています。

時間は命そのもの。

一流と言われる忙しい人ほど、時間が貴重であることをわかっています。

「お時間をいただきまして、ありがとうございます」

相手の命の時間をいただき、一緒に過ごせたことに感謝しましょう。

49　油断してはいけない反応の速さ

素早く反応することに敏感になろう

〝鉄は熱いうちに打て〟と言います。物事にはタイミングがあり、早ければ早いほどよいことがあります。

「○○さん、ちょっと来てくれる?」と呼ばれたら、「はい!」と返事をして駆け寄る。

「この仕事を誰かにお願いしたいのだけど、引き受けてくれる人はいるかな？」と言われたら、「はい、やります！」と真っ先に手を挙げる。

「あなたに○○さんを紹介したいけど、今週か来週中に会える？」と言われたら、「はい、明日は終日予定が入っておりますが、明後日でしたらご都合に合わせて伺えます！」と一番早い日時を提案する。

仕事ができる人は、スピードを大切にします。

タイミングを逃さないでください。

素早く反応する人には、次のチャンスがやってきます。

出会って間もない時期だけでなく、〝いつも迅速に対応〟がキホンです。

素早く反応することに、敏感になりましょう。

50　提案する力と準備

人の見ていないところで努力する

ビジネスに繋がる人脈を求めるなら、いつもビジネスパーソンとしての顔を忘れないことです。

私は「印象力」を仕事にしている者として、イメージにふさわしい振る舞いをしようと決めています。外に出てから帰宅するまでの間、誰に見られても恥ずかしくないような立ち居振る舞いや表情を心がけています。

街で偶然、知人に出会うことも珍しくありません。

いつ、どこで、誰に出会っても、恥ずかしくない自分でいたいからです。

「大変そうだね」と気にかけてくれる方もいますが、私は当たり前のことをしていると思っています。

日頃から心がけて行動していると、習慣になってしまうものです。

オリンピックに出場するような一流のアスリートたちは一見華やかに見えますが、その裏では、最高のパフォーマンスで結果を出すために地道な努力を続けています。

結果を出す人は、人が見ていないところでしっかりと準備をしています。

チャンスは、いつやって来るかわかりません。

チャンスが来たときにすぐに対応できる準備力と、さらなる発展に繋げる提案力を身につけることを忘れないでください。

●第3章のまとめ●「印象力5つの魔法を活かす88のルール・33〜50」

33 ∞会話のキャッチボールでは暴投しないように気をつけよう
34 ∞ゆったり・落ち着いた話し方で安心感を与えよう

熊野参拝日記1　「人は人と繋がって生きている」

私は神社参拝を習慣にしているのですが、特に心惹かれる神社は定期的に訪れています。

その中の1つが、熊野三山（熊野本宮大社・熊野速玉大社・熊野那智大社）です。

熊野は世界遺産「紀伊山地の霊場と参詣道」として知られ、甦りの聖地と言われています。

その言葉通り、熊野古道を歩いて豊かな自然に触れると、心身が浄化されるのを感じます。

熊野三山では、自分を見つめ直して新たな決意を誓い、「また頑張ろう」と勇気を与えてくれます。

行くたびに熊野の魅力に触れ、毎年訪れたいと感じる大好きな場所です。

そして熊野の魅力はそれだけでなく、親切な方が多いというのも特徴です。

訪れる者を、優しく迎え入れてくださるのです。

商売だからとか、そのような理由ではなく、心からの優しさを感じます。

熊野を訪れるたびに優しく接してくださる方と出逢い、人は人に支えられて生きているのだと実感するのです。

人と人が繋がって生きていることを、さり気なく教えてくださる地元のみなさま。

私が熊野で体験した「思い出に残る素敵な出逢い」についてご紹介します。

熊野参拝日記2へ続く

第4章　相手のパーソナルスペースに入り込む「出逢い力」の高め方〈第3の魔法〉

51　質のよいビジネス交流会の選び方

出逢いの場を探すコツ

第3章では、第一印象を活用して信頼関係構築に繋がるコミュニケーションの仕方についてお伝えしました。

4章では、第一印象と第二印象（コミュニケーション力）を発揮する、出逢い力の高め方について触れていきます。具体的には、よいご縁へ繋げる出逢いの場の探し方、振る舞い方についてです。

ビジネス交流会には様々なタイプがあり、参加対象者・会のコンセプト・目的・参加費用など、多種多様に存在します。

私が初めて参加したビジネス交流会は、商工会議所が主催する交流会でした。交流会の目的が明確であり、参加しやすい費用でしたので、初めて参加する交流会として選びました。

そして私は、この交流会で人生を変える出逢いを経験したのです。

ある1人の経営者、T社長と出逢いました。

T社長とのご縁をきっかけに、私は大規模なビジネス交流会に所属することになったのです。

勇気を持って新たな場所へ飛び込むと、今まで見たことのない世界が広がっていました。

そこには多くの学びや発見があり、何よりも素晴らしい仲間に出逢えたことで人生が大きく変わりました。

大変なこともたくさんありましたが、そこで出逢えた仲間や経験は、私の財産です。

他にも多くの交流会に参加しましたが、自分に合わないと感じる会もありました。

まず調べてみて、興味を持ったところに実際に参加し、自分の目で確かめ肌で感じ取ることをおすすめします。

52　ビジネス交流会は印象力が問われる

周囲に存在感を与える振る舞い方

ビジネス交流会には、多くの方が参加されます。小規模であれば10数名～、大規模になると１００名以上の方が参加されます。

現在はコロナウィルスの影響で、人数を制限して開催しているところも多いようです。

ビジネス交流会は時間が限られ、参加者全員とゆっくりお話することは難しい状況です。

「とりあえず多くの方と名刺交換をして自分のビジネスをアピールしておこう」と考え、会場内を奔走する方もいますが、私はそのような方法はおすすめしません。

参加者が多ければ多いほど、効果的に名刺交換をすることが大切です。

次のような方法であれば、主催者にも参加者にも存在感を与えられると考えています。

但し、会によって可能・不可能がありますから、状況に合わせて取り入れてください。
①主催者に事前にご挨拶する。
↓前日までにメールで、自己紹介・紹介して欲しい業種・交流会にどのような想いで参加するのか？　などの気持ちを添えます。

当日は、交流会が始まる前までに担当者にご挨拶して顔を覚えてもらいます。
②交流会がスタートしたら、主催者を通して名刺交換したい業種の方を紹介してもらう。
↓主催者はどのような方が参加されているかを把握しているため、効果的に名刺交換ができます。
③紹介してもらった方と名刺交換を行う。
名刺交換中、近くに別の方が名刺交換を待っているようであれば、さり気なく輪の中にお誘いする。

↓サービス精神を持って、自らご縁を繋げるお手伝いをします。
④担当者に、お礼を伝える。
↓交流会の終了後に、担当者に一言お礼を伝え、改めてメール等でお礼を伝えましょう。
⑤名刺交換した方にお礼のメール又はお手紙を送る。
↓メールなら当日中、ハガキでもOKです。
⑥食事付きの交流会の場合、食事することが目的ではないと心得る。
↓交流会に参加する目的は、食事ではなく〝ご縁を創る〟ことです。

53　名刺交換の基本を把握しておく

恥をかかないためにマナーを確認しておく

仕事をする上でビジネスマナーを身につけることは基本ですが、恥をかかないためにも一度確認をしておくと安心です。

ある交流会で、50代くらいの男性経営者と名刺交換をしたときのことです。私から声をかけて、その場で名刺交換をしました。

男性経営者は着席したままでしたので、私はしゃがんで会話をしていると、その方は私の名刺にメモをし始めます。私の情報を忘れないようにという理由でした。

この状況、どこがマナー違反か気づきましたか？

名刺交換をする際、次の行為はマナー違反です。

●着席したままの名刺交換はＮＧです。立って行うことが基本です。
（着席しなければならない状況のときは、「座ったままで失礼致します」などと一言断ってから名刺交換します）

●相手の目の前で、受け取った名刺にメモするのはＮＧです。
（名刺は相手の方の顔です）

名刺交換には他にも基本ポイントがありますので、ぜひ確認しておきましょう。

54　近くにいる人を仲間に入れる気遣いを

自分さえよければはＮＧ

多くの方が参加される交流会では、名刺交換の順番を待つ方が出てきます。

もし、どなたかと会話中に、あなたのそばで名刺交換を待っている方がいたら、ぜひ声をかけて輪の中にお誘いしましょう。

「よろしければ、ご一緒にどうですか？」と笑顔でさり気なく声をかけると、誘われた方もスムーズに会話に入ることができます。

実はこのようなちょっとした気遣いを、周りの人は見ているものです。

自分さえよければ・・・ではなく、周囲に気遣いできるゆとりを持ちましょう。

55　相手の方のお名前を口にする

相手を惹きつける名刺交換のポイント

名刺交換後は、意識的に相手の方のお名前を口にするようにします。

「○○さんは、具体的にどのようなお仕事をなさっているのですか？」「○○さんは、以前にもこちらの交流会に参加されましたか？」と、お名前を入れて呼びましょう。親しみを伝えるメッセージになります。

相手の方は、〝自分の名前を覚えてくれた人〟と認識しますから、あなたに好感を持って接してくれます。

56　会話の立ち位置にもこだわる

名刺交換後、さり気なく斜め横に立つ

名刺交換をして会話をする際、私は立ち位置を変えます。真正面で名刺交換した後に、さり気なく斜め横に立つのです。正面から少しずれた位置45度〜60度くらいのところです。相手との心の距離を縮める位置を活用します。

斜め横の位置に立ち、少し頭を傾けながら話を聴きます。〝あなたの話に興味を持って聴いています〟というメッセージを態度に表します。

但し、相手が不快に感じないように、反応を見ながら距離を保ってください。

もし斜め横など近くの位置に立つことが難しい場合は、そのままの位置で会話を続け、他の方法で心の距離を縮めます。
他の方法とは、首を少し傾けて話を伺う姿勢を取り、体を前へ乗り出すようにして態度や表情で示す「傾聴スタイル」を取ることです。

〔図表4　名刺交換〕

57　短い会話の中でも印象づけるコツ

印象づける3つのコツ

名刺交換の短い会話の中で、印象づけるコツが３つあります。

①自分のことばかり喋らず、相手の話を聴く姿勢で会話をすること

ビジネス交流会は、仕事に繋がるご縁が欲しいと思っている人が集まりますから、自分のビジネスを必死にアピールしなければと気持ちが高まります。

しかし、この気持ちが強すぎると、逆効果になってしまいます。

自分の話はインパクトのある自己ＰＲのみに抑え、あとは相手の話に耳を傾けてください。具体的なビジネスの内容、どのような企業やお客様と繋がりたいか、自分が何をすれば相手が喜ぶのか、などの情報を引き出します。

②名刺の情報や相手の第一印象から、素晴らしいと感じる要素を探して伝えること

短い会話の中でも、褒める要素を見つけることは可能です。

例えば、名刺に書かれた情報であれば、「素敵なお名前ですね」「会社のロゴマークには、どのような意味が込められているのですか？　ポリシーが感じられていいですね」などです。

相手の第一印象を褒めるなら、「素敵な色のネクタイですね。その色を着こなすのは難しそうですが、とてもお似合いですね」などです。ポイントは、品物を褒めるのではなくその方のセンスや能力といった部分を見つけることです。

③相手の方との共通点を見つけること

出身や趣味が同じだとわかった瞬間、相手との心の距離が縮まったという経験はありませんか？人は、自分と似ている人に親しみを感じます。特に初対面では、共通点を早く見つけて人間関係の距離を縮めることがコツです。

58 印象力は相手を引き寄せる力がある

相手から声をかけられる印象力の不思議

印象力には不思議な力があり、「ぜひ、名刺交換させてください」と声を掛けられることが多くなります。それは、あなたが印象力を身に付けて、その力を発揮できている証拠です。

特に、多くの方が集まる交流会やパーティーでは、存在感を与えることは簡単ではないかもしれません。

しかし、あなたがその時間を楽しみ、キラキラと輝いていれば周囲の人は引き寄せられるようになります。

もし声をかけられなくても、待っているだけの人にはならないでください。

魅力的な人は、自ら出逢いを創り上げていくのです。

59　他の人と差をつけるアプローチ法

シンプルでインパクトのある自己ＰＲトークの準備

ビジネス交流会やパーティーの席で、〝ぜひこの方と名刺交換をしてご縁をいただきたい！〟と感じる方がいたら、あなたはどのように自分の印象を与えますか？

有名企業の経営者や著名な方のところには、多くの人が集まります。有名な方と名刺交換をしたいと思っているので、順番待ちの列ができているのです。

我先にと、列に並びたくなる気持ちはわかりますが、ここで他の方と同じように列に並んでしまっては印象を残すことはできません。

有名な方との名刺交換ほど、他の方と差をつける「ご挨拶」が必要です。

まず、記憶に残る印象を与えるために大事なこと。

それは、シンプルでインパクトのある自己ＰＲトークを事前に準備しておくことです。

（「45　インパクトを与える「自己ＰＲ」３つのポイント」の内容を参考にして、準備しておきましょう）

その上で、次の３パターンでアプローチをします。

60　印象に残る名刺交換3パターン

印象に残る名刺交換の例

印象に残る名刺交換3つの例をご紹介します。

①名刺交換最後の1人になるタイミングで並ぶ

名刺交換を待つ列ができている場合は、列の一番後ろ、つまり名刺交換最後の1人になることがポイントです。お相手の方も気持ちに余裕ができている状態ですから、リラックスしてご挨拶できると思います。

但し、最後だからといって長々と会話をしてはいけません。

有名な方ほど忙しく、時間を大切にします。

こちらの言いたいことだけ一方的に話して終わり・・・という最悪な名刺交換をしないように気をつけてご挨拶しましょう。

②席を外したタイミングを見計らって声をかける

会食を伴う交流会やパーティーの場では、離席する又は移動するタイミングがあります。

僅かな時間かもしれませんが、お1人で席を立たれたときに会話ができるよう、視線を向けておきます。席を立たれたら、すかさず近くまで移動して声をかけましょう。

もしその方がお手洗いに立たれた場合、済ませた後に声を掛ける配慮を忘れないでください。

お1人で席を立たれることがなかった場合は、お帰りになるときがチャンスです。

席から離れるタイミングを見計らって駆け寄り、名刺交換させていただきたいと声をかけて、一緒に歩きながら会場出入り口までの間、会話をさせていただくのです。

③紹介者を通してご挨拶する（主催者など紹介してくれる人がいる場合）

主催者など紹介してくれる方がいるのなら、その方を通して紹介してもらいましょう。

そうすることで、お相手の方も〝○○さんのご紹介〟という安心感がありますし、顔を覚えてもらえる可能性が高くなります。

以前、あるビジネス交流会で有名な経営者の方と名刺交換をさせていただきました。

紹介者を通してご挨拶させていただきましたので、〝大勢の参加者の1人〟ではなく、〝○○さんが紹介してくれた高倉さん〟というように顔と名前をすぐ覚えてもらえました。

その方との次のアポイントも、スムーズに取ることができます。

有名な方との名刺交換・キーワードは、最後・席を外したタイミング・紹介者です。

最後（Saigo）

席（Seki）を外したタイミング

紹介者（Shoukaisha）

頭文字のSを取って、3S（スリーエス）のパターンと覚えてください。

61　名刺交換ができなかった場合の対処法

お手紙を送る

万が一、タイミングを逃して名刺交換ができなかった、という場合は、お手紙を送ってみましょう。郵送先は、ホームページなどで調べられます。

お手紙には、シンプルかつインパクトのある自己紹介、交流会でご挨拶できなかったことや、ぜひ直接お会いしてご挨拶させていただきたいことなど、気持ちを込めて書きます。

使用するアイテムは、ビジネスシーンにふさわしいものを選びます。フォーマルなお手紙ですから、白地で無罫の便箋で縦書きにします。筆または万年筆で書くとよいでしょう。

お相手の方はお忙しい状況ですから、簡単にアポイントが取れるとは限りませんが、あなたと会うメリットが何かあれば時間を取ってくれるかもしれません。

会うメリットとは、物を差し上げることやビジネスを提案することだけではありません。何かワクワクさせる要素や面白みがあなたにあり、それが将来ビジネスに繋がるとイメージできそうであれば、会ってもらえる可能性はあるのです。

但し、しつこすぎる・執着しすぎるなど、度が過ぎる行動はよくありません。

必ずお相手の方の反応を見て、不快感を与えないよう配慮して行動してくださいね。

何が起こるのかわからないのが人生です。
難しいと思っても、やってみる価値はあるのではないでしょうか？

●第４章のまとめ●「印象力５つの魔法を活かす88のルール・51〜61」

51　∞出逢いの場を見極めよう
52　∞印象力は出逢いの場に向かう前から始まっていると認識しよう
53　∞名刺交換の基本を確認しよう
54　∞近くにいる人も輪の中へお誘いしよう
55　∞相手の方をお名前で呼ぼう
56　∞会話時の立ち位置で心の距離を縮めよう
57　∞短い会話でも相手を喜ばせる一言を添えよう
58　∞「名刺交換してください」と言われよう
59　∞有名な方へのアプローチは、他の人と差をつけよう
60　∞印象に残る名刺交換「３Ｓのパターン」を活用しよう
61　∞名刺交換ができなかったときこそチャンスと考えよう

熊野参拝日記2　「心温まる出逢い〜大変恐縮です！〜」

●熊野速玉大社の近くにある柿の葉寿司店でのこと。営業を終えてお店の鍵をかけ始めたオーナーらしき方がお店の前にいた私に気づき、わざわざ鍵を開けて店内へ招き入れてくれました。実は様々な事情から、ここで購入できなければその日の夕食と翌朝の朝食はなしという状況でした。美味しいご飯にもありつけ、お店の方の親切なご対応に心が温まりました。お腹を空かせていた表情を、見抜かれたのかもしれませんね。

●熊野古道を歩くため、熊野本宮大社前から発心門王子行きのバスに乗ったときのことです。

そのバスの運転手さんはサービス精神をお持ちの方で、熊野古道にまつわる話を面白おかしく話して乗客を楽しませてくれました。まるでガイド付きの観光バスのように、楽しいアナウンスなのです。車内は笑顔に包まれ、和やかな雰囲気になりました。乗客全員が楽しい思い出になったことは、言うまでもありません。

●熊野古道を1人で歩いたときのことです。途中の休憩所のすぐ先で、数匹のサルに出逢いました。野生の猿に驚いた私は慌てて休憩所へ引き返し、売店にいらっしゃる地元のご婦人にご相談しました。するとご婦人が「逃げていくから大丈夫よ！」と、私が安心できそうな場所まで一緒に歩いてくださったのです。どれほど心強かったか・・・(涙)。

熊野参拝日記3へ続く

第5章　相手の人生の軌跡に残す「大切なご縁」の育み方・結び方

〈第4の魔法〉

62 文章に気持ちを添える

温かみが伝わるメール・手紙の出し方

第4章では、第一印象と第二印象（コミュニケーション力）を発揮するための、出逢い力の高め方についてお伝えしてきました。

第5章は、大切なご縁を育み、お互いの人生に影響を与えるほど強固なご縁にするための内容です。

私の大切な友人の1人である女性経営者は、お手紙をよく送ってくれます。素敵な贈り物と共にメッセージカードを添えてくれることもあるのですが、いつも心温まる言葉を贈ってくれます。

「おかげさまで・・・」「いつもありがとうございます」

と、私は特別なことをしている訳ではないのですが、いつもこの言葉で人を幸せな気持ちにしてくれる素敵な女性です。

ご縁ができると、様々な手段でコミュニケーションを取る機会が増えます。メール・手紙に限らず、電話・オンラインによる対面や、直接お会いする機会もあるでしょう。

大切な方とのご縁を育み固く結ぶには、いつでも「おかげさまで」の心を持って接することです。

メールや手紙で近況報告をするなら、「おかげさまで、順調です」と添える。「ご両親は元気?」と聞かれたら、「おかげさまで、両親ともに元気です」と答える。いつも「おかげさまで」の一言で、大切な方を幸せにしましょう。

63　あえて手紙を出すことの意味

深い感謝の気持ちを伝えたいときや特別な思いを伝えたいときに出す

深い感謝の気持ちを伝えたいときや特別な思いを伝えたいときは、ぜひ手紙で気持ちを伝えましょう。

手軽に出せるメールとは違い、あえて文字を書いて送ることで印象深く映ります。季節に合わせた便箋を選び、筆や万年筆で丁寧に書かれた手紙には、より気持ちが伝わります。字に自信がなくても、丁寧に読みやすく書かれていれば大丈夫です。手紙にも形式がありますので、慣れていない方は形式を知ることから始めてみましょう。

私も慣れない頃は、何度も清書してようやく完成させた記憶があります。

何でも手軽にできてしまう時代だからこそ、相手を想いながら丁寧に創り上げたメッセージは、より気持ちを伝えてくれるでしょう。

64　熱意が伝わるレスポンスの速さ

素早いレスポンスが仕事の成果を変える

仕事ができる人の特徴の1つに、レスポンスの速さがあります。

ある男性経営者の話です。いただいたメールに対して、1時間以内に返信すると決めている方がいました。ビジネスには、スピードが重要であると理解されているからでしょう。

ビジネスでは、チーム力が求められる仕事ほど素早く処理して次の人にパスすることが求められます。

ビジネスの形はそれぞれですから1時間以内の返信は難しいとしても、素早いレスポンスが仕事の成果を変えます。

急ぎの案件に対応しなければならない場合は、まず電話で用件だけ伝え、後でメールを送るなどの臨機応変さも必要です。

今は携帯電話の機能も高まり、便利なツールやアプリも数多く手に入る時代になりました。ツールを上手く使いこなせば、素早いレスポンスは可能です。

レスポンスをどう対応するかで、仕事のレベルや熱意もわかります。

素早いレスポンスを心がけましょう。

65　取り柄のない私が、唯一自信を持って胸を張れた２つの信念

情熱と行動力

取り柄のない私が唯一取り柄にできたもの、それは仕事に対する「情熱」と「行動力」です。

この２つは誰もが平等に与えられる要素であり、自分次第でどのようにでもレベルを上げることができると思ったからです。

この２つなら私でも強みにできると考え、情熱と行動力だけは人より上を目指そうと信念にしてきました。

チャンスをいただいたら、情熱を持ち素早く反応します。チャンスをいただいたときに１００％成功する自信がなくても「やります！」と言い切り、全力でやり遂げる覚悟で取り組みました。

自分が発した言葉に嘘をつきたくありませんから、〝宣言したあとは全力で行動するのみ〟という状況をつくり上げてしまうのです。

そうやって自分を追い込んで行動しました。

チャンスをいただいたことが有り難く、感謝の気持を結果でお返ししたいと思っているからです。

私は２つの信念「情熱」「行動力」を持つことで、ブレない軸ができました。この軸は仕事を続ける限り、崩れることはないと確信しています。

66　全力、努力、継続で！

ビジネスが成立してからの向き合い方

ビジネスが成立した後は、とにかく全力でやり続けます。どうすれば喜んでいただけるか常に考え、ご期待にお応えできるよう努力してきたつもりです。

同時に、自己成長するための学びなどもできる限りのことをしました。

専門分野を更に磨き上げると共に、専門分野以外にも目を向けて幅広い知識を増やすようにしました。限られた時間の中で知識を身につけるためには、主に本から情報を得ることが多かったと思います。

そのためには多少犠牲にしたことや諦めなければならないこともありましたが、それくらいの覚悟で仕事に臨むことは必要だと考えています。

後になって、「あのとき、もっと努力すればよかった」と思っても、過去に戻ることはできません。時間を取り戻すことはできませんから、悔やむことなく納得できるまでベストを尽くそうと思っています。

そのような気持ちで臨めば、相手にも誠意が伝わり、よい結果を生み出せるのではないでしょうか。

67　試されたときこそ、次のステージに繋がるチャンス

自己を成長させる弛まぬ努力

経営者としてそれなりの地位にいる方は、相手がビジネスパートナーとして相応しい人物か試してくることがあります。専門知識に限らず一般教養もある人物か、会話の中で見極めています。

高学歴でなくても経営者として活躍されている方が沢山いらっしゃいますが、中にはビジネスパートナーの学歴を気にする方もいらっしゃるようです。

昔と比べて学歴重視という傾向は薄れているものの、学歴はその方の努力の証であり、付加価値となる立派な証明書です。

私には、輝かしい学歴がありません。だからこそ、試されたときに「この人なら仕事を任せても大丈夫」と思われるよう、自身を磨く努力を続けることが欠かせないと思っています。

そして試されたときに合格をもらえたら、次のステージに上がるチャンスが待っています。

人生において、学ぶことは沢山あります。自己を成長させる努力は、生きている限り終わることがないのだと思います。

68　心にゆとりを持つ

感情をコントロールする力をつける

何かトラブルが発生したとき、その人の人間性や本性が表れます。心に余裕がないときは、その傾向が強くなります。

特にリーダーとして人の上に立つ人は、自分の感情をコントロールできる術を知っておいたほうがよいでしょう。ＩＱ（知能指数）ではなくＥＱ（心の知能指数）を高めることです。

周りの人は、リーダーの言動をよく見ています。イライラした感情を制御できずに、いつも部下に怒鳴り散らすような方もいますが、感情的になった上司を部下はどのような気持ちで見ているか想像したことはありますか？

たった一度の言動で、今まで築き上げた信頼を失ってしまうこともあるのです。

人から尊敬されたいのなら、感情をコントロールする力をつけて心にゆとりを持つことが大切です。

感情的にならず落ち着いた対応が、信頼を与えます。

そして、心にゆとりがあると、トラブルさえ楽しめるようになります。

心に余白をつくりましょう。

69　内面から輝く魅力的な人の共通点

強さと勇気

内面から輝く魅力を放っている方は、困難な状況にも立ち向かう〝強さ〟と〝勇気〟を持っています。

私が今までお会いした魅力的な方は、大きな試練を経験し、必ず乗り越えています。

大きな壁を乗り越えるには、その状況に負けない強さと勇気が必要です。そして壁を乗り越えたときに自信となり、魅力として出るのでしょう。

人は、試練がやって来ても恐れることなく立ち向かい、乗り越えながら挑戦し続ける人に感動し、尊敬の念を抱きます。そして、その勇ましい姿は心に刻み込まれ、人の価値観や考え方を変えてしまうこともあります。

目の前にやって来た壁を乗り越える〝強さ〟と〝勇気〟を持つ人は、人の人生に影響を与えるほど魅力があるのです。

70　特別感を伝える

サプライズを贈る

大切なご縁をいただき末長くお付き合いしたい方には、ぜひその気持ちを伝え続けてください。

〝あなたは私にとって大切な方〟という気持ちを伝え続けることが、末長い関係へと導いてくれます。

例えば、特別な日でなくてもメッセージカードを贈る、お祝いのギフトではなかなか手に入らない珍しい品物を選ぶ・・・など。

必ずしも物で伝える必要はなく、自分ができる行いでも構いません。

相手の方がして欲しいと思っていることをお手伝いする、困っていることをサポートする・・・などです。

その際は、「ここまでしてくれるの!?」と思われるくらい〝期待以上にやる〟ことが、特別感を伝えます。

大切なことは、相手の方が驚くほどの特別感、〝サプライズ〟を贈ることです。

71　習慣にしたい言葉「ありがとう」

相手も自分も幸せになれる

相手も自分も幸せになる魔法の言葉、それが「ありがとう」です。

人から「ありがとう」と感謝されたら、嬉しいですよね。相手の方のお役に立てたことが実感できる、嬉しい言葉です。

また、魅力的な人は「ありがとう」を受け取るだけでなく、自然に与えることができます。

以前、駅で大きな荷物を運びながら階段を降りていたご婦人に「お手伝いしましょうか？」と声をかけました。するとご婦人は優しく「大丈夫ですよ。どうもありがとう」と笑顔で答えました。

さらに続けて「声をかけてくれたお気持ちが、とても嬉しいわ。どうもありがとう」と笑顔でおっしゃいました。ご婦人の素敵な笑顔と温かいお言葉が、とても印象的でした。

コロナ禍もあり、人との接触は控えたほうがいいと思ったのですが、階段を降りるときに転んでしまわないかと気になってしまい声をかけました。

結局お役に立てることはなかったのですが、笑顔で温かく丁寧に「ありがとう」お礼を言われたことで、こちらも嬉しくなりました。

日常でも「ありがとう」を伝えるシーンはたくさんあります。カフェで注文したドリンクを店員さんから受け取るとき、飲食店で注文した料理が運ばれてきたときなど・・・。

そのとき、「ありがとう」と一言添える思いやりを持ち、幸せを与えられる人でいたいものですね。

72　信頼関係構築のゴールデンルール

与えたものは自分に返ってくる

ビジネスに限らず、よりよい人生を生きるためのゴールデンルールがあります。

それは、〝与えたものは自分に返ってくる〟ことです。

今までの出逢いを通して最も実感し、確信を持って言い切れるルールです。

まず自分から、相手が求めていることや喜ぶことをしてあげることです。相手のために何ができるのかを考え、行動するのです。

すると、喜ばしいことが返ってきて、結果としてお互いが幸せになれるのです。

但し、見返りを求めるのでは意味がありません。見返りを求めず純粋な気持ちで、お役に立とう、相手を喜ばせようと思うことが大切です。

また、与えたものは、すぐに返ってくるとは限りません。もしかすると数年後、十数年後かもしれません。同じ形で返ってくるとも限りません。

しかしはっきりと言えることは、〝与えたものは自分に返ってくる〟のです。

〝与えたものは自分に返ってくる〟の法則ならば、悪いことを与えると悪いことが自分に返ってくるということにもなります。

自分が幸せになりたいのなら、まず自分から先に幸せを与える。

信頼関係を築き幸せな人生を送るための、ゴールデンルールです。

73　自分が困ったとき、信頼する人が困っているとき

信頼できる人なら頼ってみよう

人に頼りすぎて依存してばかりでは困りますが、困った時は信頼できる人に頼ることも必要です。

人間一人の力では、限界があるからです。

あなたを大切に思ってくれる方なら、頼られて嫌な顔はしないはずです。

あなたのために、喜んで手を差し伸べてくれることでしょう。迷惑ではないか・・・とあれこれ心配するよりも、まず勇気を出して相談してみることです。

そして、助けて貰ったら、その恩はいつかお返しすればいいのです。

その方が困っているとき、自分を必要としてくれたときに、全力でお返しするのです。

あるいは、周りで困っている方がいるのなら、その方を助けることでも恩返しになります。

人に与えたよい行いは、いずれ巡り巡って自分に返ってきます。

74　魅力的な人には応援団ができる

成功のスピードが速くなる、応援団の存在

人を惹きつける人には、必ず応援団がいます。その人が成功するように応援してくれるファンがいるのです。

例えば、人気の俳優やミュージシャン、スポーツ選手などは、多くのファンが存在します。

ファンは、彼らが創り上げた作品や功績・成功に至るストーリーや人物そのものに共感・感動を受けます。それが生きる励みや元気の源といったモチベーションになり、人生がより豊かになると感じてますます惹きつけられるのです。

あなたにも、ファンはできます。決して有名人になる必要はなく、あなた自身に魅力があればファンが自然と集まってきます。

もしかすると、既にあなたのそばには応援団がいるのかもしれません。

成功するには、上の方から引き上げられる・下の方から押し上げられる力が必要です。

そして応援団の人数が多ければ多いほど、成功を加速させる力になります。

あなたに人としての魅力を感じているからこそ、応援団は存在するのです。

応援団を大切にしましょう。

●第5章のまとめ●「印象力5つの魔法を活かす88のルール・62〜74」

62　∞「おかげさまで」を伝えよう
63　∞お手紙を書こう
64　∞レスポンスを大事にして、仕事ができる人になろう
65　∞ブレない軸を持とう
66　∞全力で努力を継続しよう
67　∞試されたときに応えられる準備をしよう
68　∞心に余白をつくろう
69　∞困難な状況にも立ち向かう強さ・勇気を持とう
70　∞サプライズを贈ろう
71　∞「ありがとう」を習慣にしよう
72　∞人に与えることができる人間になろう
73　∞困ったときは、信頼できる人に頼ってみよう
74　∞応援団を大切にしよう

熊野参拝日記3「ありがたい出逢い①～奇跡です！～」

●熊野三山の奥の院・玉置神社を参拝後、熊野本宮大社へ向かったときのことです。
前々日から毎日参拝に訪れており、このときは最後のご挨拶のつもりで伺いました。

鳥居で一礼し、参道を数歩進んだところで、小銭をすべて使い切ってしまったことに気づきます。

参道の左手にお土産屋さんがありますので、そこで何か購入して小銭をつくろうと思いました。

何軒かあるお土産屋さんの中から選んだお店は、「熊野本宮とりいの店」でした。

実は初めて熊野本宮大社を訪れたときに利用させていただき、恐縮するほどご親切にしていただき感激したことがありましたので、迷うことなく直行しました。店内に入ると、以前お世話になったオーナー（鳥居泰治様）がいらっしゃいました。今回の旅では、もしオーナーに出会えたときは是非お話させていただこうと心に決めていたため、参拝後に寄るつもりでいました。

しかし、そのときちょうど1人の男性と会話中でしたので、声をかけることはしませんでした。

お土産を選んでいると、オーナーと会話をされていた男性から「これから参拝ですか？」と声をかけられました。「はい、これから参拝ですが、ちょうど小銭をきらしてしまい・・・」と状況を説明していると、オーナーがすかさず、「この方、熊野本宮大社の宮司さんだよ」と教えてくださったのです。

熊野参拝日記4へ続く

第6章　印象力を活かす考え方〈第5の魔法〉

75　あなたはビジネスを通して何を成し遂げたいですか？

ビジネスに対する向き合い方

あなたは、何のためにビジネスをしていますか？

もちろん、生活のためにお金を稼ぐということもありますが、お金以外にも得られるものは沢山あるはずです。

ビジネスを行う上で大事なことは、夢、ビジョン、使命を持つことです。

提供する商品やサービスを通して、何を実現し、何を成し遂げたいのか？　自分の役割、ビジネスをする意味を明確にすることです。

例えば「商品を利用してもらうことで、高齢者の方がより生活しやすい世の中になるようお手伝いしたい」「サービスを提供することで、医療分野の手助けになりたい」などです。

私には、ビジネスを通して成し遂げたい夢があり、それを実現させるという強い信念を持っています。大した取り柄もない私が起業してから様々なことを経験しましたが、辛いときでも走り続けられたのは、夢があったからです。

夢は生きる原動力になります。心の底から自分を突き動かす何かを持っていれば、どんなに高い壁でも乗り越えられると信じています。

ビジネスを通して何を成し遂げたいのか、明確にしましょう。

76　命の時間を大切に過ごす

女性がビジネスと家庭を両立させるには

女性は身支度や日頃のお手入れの時間が必要ですし、特に家庭を持っていると家事や育児の時間も確保しなければなりません。

私は子供が小学生になり、少し時間が取れる状況になってから起業しましたが、毎日のご飯づくりや毎朝のお弁当づくりは、本当に大変でした。加えて日々の洗濯や掃除、後片づけなど・・・。

特に子供が受験の時期は、分刻みで動き回っていたような気がします。

恥ずかしくてあまり表に出さない話ですが・・・夜になると疲れ果ててしまい、メイクも落とさず椅子で寝てしまったことも頻繁にありました。徹夜していた時期もあります。

まるで千本ノックするかのように、目の前に来た課題を順番にこなす日々でした。

私は当時、いただいた仕事やアポイントはすべて受けなければという気持ちが強く、スケジュール帳の隙間がなくなるほど予定を入れていました。

おそらく、生活に影響を与えている時点で、受け入れる容量はオーバーしていたのだと思います。

女性は環境によって仕事の関わり方が変わりますから、限られた時間で効果的に結果を出すことが求められます。

あなたの時間は、命そのものです。

流されずにコントロールし、出逢いのチャンスを最大限に活かしてビジネスに繋げることが大切です。

77 質の高い仕事は心身の健康から

心身を健康に整える

体は正直だなと思う出来事がありました。

数年前、帯状疱疹になってしまったのです。その時期も忙しい毎日を送っており、体の疲れを多少感じながらも、気力で仕事を乗り切っていました。

しかし、自然と負担がかかっていたのでしょう。ある日、体に赤い湿疹のようなものができ始め、徐々に増えていきました。

仕事が忙しく、すぐに病院へ行けずに我慢していたのですが、症状が日に日に悪化します。

さすがにこれはまずいと感じ、診察してもらいました。

あと1日遅かったら痛みも増し、湿疹の痕も残っていたかもしれません。

体をもっと大事にしてあげないとダメだなと、痛感した出来事です。

それから私は原点に戻ろうと思い、学生の頃、就職活動中に掲げていた懐かしいスローガンを、改めて日々のテーマにしました。

「いつも健康・いつも素直に・いつも笑顔で」です。

無理のないスケジュールを組む、最低限の睡眠時間を確保する、食べる物にも気を使う、アロマの香りで心を癒す・・・など体調管理に気をつけています。

体が元気でなければ、よい仕事ができません。

質のよい仕事を行うためにも、心身を健康に整えておく。

何よりも優先すべきことでしょうね。

78　尊敬する経営者

人生と仕事の方程式

今まで多くの経営者の方から、よい刺激を与えていただきました。

興味を持った方の講演会があれば、多少高額でも積極的に参加し、経営者の方が書かれた本からも多くの気づきや刺激を受けました。成功に至るまでの人生のストーリーが興味深く、大変勉強になります。

中でも、稲盛和夫氏は尊敬する経営者のお1人であり、稲盛氏の書籍は人生の指南書になっています。経営に限らず、人としてのあるべき姿・大切なことを教えてくださり、深く感銘を受けました。

涙を流しながら読んだ書籍もあります。

特に、稲盛氏の「人生と仕事の方程式」という考え方は、最も励みになりました。

その方程式とは、次のような考え方です。

「人生・仕事の結果＝考え方×熱意×能力」

この方程式について、稲盛氏は著書に次のよう書かれています。

『熱意と能力はゼロからプラス１００までの数字しかありませんが、考え方はマイナス１００からプラス１００まである。それが掛け合わされるというところがミソで、どれほど熱意や能力が立派でも、考え方がマイナスならば、すべてがマイナスになってしまいます』

（出典：『心。』稲盛和夫著・サンマーク出版）

学歴も取り柄もない私には、希望の光となる考え方でした。

熱意だけは抜群、考え方もプラス寄り、能力は低くても努力すれば高めることができると思ったからです。

何もない私でも、成功できる可能性があると、励みになる言葉でした。

仕事で行き詰まったときには読み返し、モチベーションを高めてきました。

今でも、私の心の支えになっています。

79　成功する上で大事な要素

成功する人に見られる共通点

成功する人には、共通点があるようです。今までご縁をいただいた成功者や活躍のステージをスムーズに上がる方は、皆さん同じような特徴を持っていました。

それは、笑顔で明るく前向きで、謙虚で素直な心を持ち、感謝の言葉が多く、粘り強さがあることです。

「笑顔で明るく前向き」→いつも明るい表情で笑顔があり、前向きな考え方をしています。

「謙虚で素直な心」→成功しているにも関わらず謙虚であり、素直な心で接してくれます。

　素直な心は、人間が成長する上で欠かせない要素です。

「感謝の言葉が多い」→「ありがとう」や「感謝」の言葉を多く使います。

「粘り強い」→信念を持ち、簡単に諦めません。

成功するためには、周囲の人の力が欠かせず、人に好かれる人になることが大切です。

これらの「笑顔・明るさ・前向き・素直・謙虚・感謝・粘り強く努力する姿」は、人に好かれる要素ではないでしょうか。

成功を手にした後も忘れずに心に留めておくことが、長く成功する秘訣なのでしょうね。

80　すべては考え方次第！

試練の乗り越え方

夢や目標に向かって進んでいると、目の前に大きな壁が立ちはだかることがあります。

私はこの壁を、神様からのテストだと捉えています。〝本気でそれを達成させたいのか？〟〝突き進む覚悟はあるのか？〟と、こちらを試しているのだと思います。

壁を乗り越えるためには、どうすれば乗り越えられるかと真剣に知恵を絞る必要があります。可能性が1％でもある限り、信念を持って最後まで諦めずにやり続ける行動力も必要です。

これらを、成し遂げる覚悟があるのかと問われている気がします。

そして目の前にやってくる壁は、目標が高ければ高いほど、大きなものになるでしょう。

例えば、低いところにあるものを手にするとき、それほどジャンプする必要はなく簡単に届きます。しかし、高いところでは深く踏み込んでジャンプしなければ届きません。深く踏み込んで最も沈んでいるときは、飛ぶ力を蓄えているときです。

人生に例えると、ピンチや試練の最中にいる低迷期。谷底にいる状態です。

深い谷底は、まるで漆黒の闇のようで、不安になるかもしれません。足がすくみ、立ち止まることもあります。しかし、小さな歩みだとしても止まらずに歩き続ければ、いつかは光が差し込む場所に到達し、抜け出すことができます。そして、抜け出したときに浴びた光はとてもありがたく感じ、感動を覚えるでしょう。

さらに歩みを止めずに高みを目指せば、山の頂上へ辿り着くこともできるのです。

頂上から見た景色は素晴らしく、涙が出るほど感動します。暗闇を知っているから〝こそ〟、深く感動するのだと思います。

人生は波を描くように、様々な出来事がやってきます。辛い試練があったとしても、それはあなたの物語に彩りを添える出来事に過ぎません。壁を乗り越えた先でいつか、「あんなこともあったな」と谷底にいた経験を笑って思い出すときが来るはずです。

すべては考え方次第。

私達は旅の途中であり、人生はまだまだこれからなのです。

81　本から教わった前向きな考え方

人格を高めることの大切さ

今までに数多くの良書に出逢い、知識や考え方を吸収してきました。私は本から学びを得ることが大好きですから、これからも終わることなく続くでしょう。

本は専門家のスキルや知識がコンパクトにまとめられ、貴重な情報を手軽に得ることができます。

新たな発見で視野が広がり、感性を豊かにし、人格も高めてくれる栄養剤のようなものです。

本によって救われることも多く、自信がなかった私を引き上げてくれました。

こんな私がプラス思考になれたことも、本の影響を大きく受けています。

もし一緒に仕事をするのなら、私は尊敬できる方としたいと思っています。

だからこそ、自分自身も尊敬される厚みのある人間になれるように、内面を磨き続けようと心に決めています。

82　すべてのことに感謝できる人を目指す

何気ない日々に感謝する

数年前、母が突発性難聴になりました。

ある日突然発症し、全く聞こえなくなってしまったのです。

その日から、会話は筆談です。

今まで普通にできていたことが突然できなくなる戸惑いは、とても大きなものでした。

すぐに入院をして原因を調べたのですが、はっきりとした理由はわかりませんでした。できる治療をすべて行っているうちに少しずつ快方に向かい、今では筆談することなく普通に会話ができています。

人は、失って初めて気づくことがあります。

この体験から、当たり前に感じていた日常がどれほど奇跡的なことなのかと、気づかされました。

住む家や食べるものがあり、大好きな人達と過ごせて、元気に働ける。

当たり前のように過ごしていた日常がとてもありがたいことだとわかり、何気ない日々に感謝するようになりました。

私の１日は、神棚に手を合わせることから始まります。

手を合わせて自分の決意を述べるだけでなく、生かされていることへの感謝の気持ちを添えるようになりました。

83　最後の瞬間に悔いが残らない生き方を

生き方は顔に表れる

歳を重ねる度に、素敵になる人がいます。魅力が表情から醸し出され、〝自分に誇れる生き方〟をしていることが伝わってくる人です。

人は、歳を重ねれば重ねるほど、生き方が顔に表れます。

素敵な生き方をしている人は、白髪やシワも魅力的に映り、顔に人間としての深みを感じるのです。

では、どのような生き方をすれば、自分に誇れる生き方ができるのでしょうか？

人生は選択の連続であり、その結果が今の人生をつくり上げています。

そして選択に迫られたとき、誰もがベストだと思うほうを選んでいるのだと思います。

とはいえ、人生の選択において時に、「選択を誤ったのではないか？」と感じることもあるでしょう。今、辛い状況の最中にいるのであれば、「別の選択をしていればもっと幸せだったのに・・・」と後悔することもあるかもしれません。

しかし、人間は間違いを経験しながら成長していきます。

もし間違えたとしたら、そこからやり直せばいいのです。

大事なことは、その間違いにどう向き合い「どのような行動をすれば周りも自分も幸せになれるか？」という視点で考えること。

考えたあとは、覚悟を持って行動に移す。

そして行動に移したら、納得できるまでやり続ける。これが、

自分に誇れる生き方に繋がるのではないでしょうか？

人生は、まだ道半ばです。いつ最後の瞬間を迎えるかは、わかりません。

「今日が最後の1日だとしたら・・・」

このような気持ちで日々生きていれば、その瞬間を迎えても後悔はないのだと思います。

●第6章のまとめ●「印象力5つの魔法を活かす88のルール・75〜83」

75　∞ビジネスで成し遂げたいことを明確にしよう
76　∞時間をコントロールしよう
77　∞心身を整えよう
78　∞成功者から学ぼう
79　∞成功に必要な要素を高めよう（笑顔・明るさ・前向き・素直・謙虚・感謝・粘り強い）
80　∞自分なりの試練の乗り越え方を持とう
81　∞内面から輝く努力を続けよう
82　∞生かされていることに感謝しよう
83　∞自分が誇れる生き方をしよう

熊野参拝日記4 「ありがたい出逢い②～神様の後押し?～」

そのとき声をかけてくださった男性は、熊野本宮大社の宮司・九鬼家隆様だったのです!

全国にある熊野神社の総本宮であり、熊野本宮大社のトップに立たれている方です。

TVや雑誌などを通して存じ上げていましたが、そのときは普段着でいらっしゃいましたので全く気づきませんでした。まさか、あの有名な宮司にお目にかかれるとは想像していませんでしたので、驚きと喜びで私の心の中は興奮状態でした。そしてある共通の話題もあり、少し3人でお話させていただいてから最後に名刺交換までさせていただいたのです。

「熊野本宮とりいの店」オーナーの鳥居泰治様との出逢いから始まり、大好きな熊野本宮大社の宮司・九鬼家隆様との出逢いに繋がるとは想像もしていませんでした。

お2人との出逢いは、不思議なくらい絶妙なタイミングが重なってご縁をいただきましたので、私にとって奇跡的であり、とてもありがたい出逢いです。

帰りのバスで喜びと幸せに浸っていたとき、玉置神社で引いたおみくじをふと思い出しました。改めておみくじを読んでみたところ、旅行運のところに次のようなお言葉が書かれていたのです。

「旅行運」・・・よい出会いあり

きっと、神様が後押ししてくださったのでしょうね。

熊野参拝日記　おわり

第7章　ご縁の法則〈完結編〉

84　ご縁のタイミングと熟成期間

ご縁にもタイミングがある

島根県出雲市にある出雲大社（いづもおおやしろ）、通称〝いづもたいしゃ〟は、縁結びの神様として知られ、大国主大神様がおまつりされています。

縁結びと言っても男女の縁だけではなく、人々を取り巻くあらゆる繋がりのご縁を結んで下さる神様です。

私は出雲大社へ初めて参拝に訪れたとき、不思議な体験をしました。その直後から次々とよいご縁に恵まれ、人生を大きく変える出来事を経験したのです。

当時、大きな悩みを抱え、暗闇の中から抜け出せず先が見えない〝どん底〟状態でした。その状況を打破しなければと思い、覚悟を持って向かった参拝でした。

きっと神様はこんな私を見兼ねて、助けてくださったのではないかと思います。

その体験から私は、〝ご縁〟の大切さについて特別な想いを持つようになりました。

あのときに感じた、ご縁の大切さや感謝の気持ちを忘れないために、私は毎年参拝することにしています。

これまで、様々なご縁を通して気づいたこと・学んだこと・感じたことがありました。

この章では、ご縁に対する考え方をお伝えします。

●ご縁のタイミング

ご縁にもタイミングがあります。ご縁をいただいたとしても、ビジネスに繋がらないことがあります。

印象力を高めてよいご縁をいただき、信頼関係構築に努めているのに、なぜビジネスに繋がらないのでしょうか？

それは、「まだ、そのときではない」「今はまだ早い」と捉えています。〝もっと成長しなさい、学びなさい、準備しておきなさい〟というメッセージだと思っています。

過去に、信頼できる方からビジネスの紹介を受けたことがありますが、結果として成立しなかった経験があります。

その時期に私は別の案件を抱えており、「もし新規で仕事を受けた場合、現在の仕事を全力で続けられるだろうか・・・」と少し不安に感じていました。もしかすると、その気持ちが表れていたのかもしれません。「欲張るな、仕事の質を落とすな」と、教えられた気持ちでした。

また、以前から夢であった本の出版も同様です。数年前、ある出版社を紹介していただく機会に恵まれましたが、成立しませんでした。

今振り返ると、自分の経験も足りず、書くための時間を確保することも難しい状況でしたので、「本を出すタイミングは今ではない」と教えられたような気がします。

●ご縁の熟成期間

一度繋がったご縁でも、交流がしばらく途絶える時期があります。

私はこれを、〝ご縁の熟成期間〟と呼んでいます。この熟成期間こそ、本当に大切なご縁を固く結べているかがわかります。

例えば、自分が困った状況に陥って助けを求めたいとき、久しぶりに連絡を取ったとします。事情を話して助けを求めたとき、相手はどのような反応をするでしょうか？

今までと変わらず、親身になって対応してくれたなら、そのご縁は固く結ばれている証拠です。

もしそうでなかったら・・・一度自分の行動を振り返ることも必要です。気づかないところで、失礼な態度を取っていたのかもしれません。

考えても原因が見当たらないという場合は・・・そのまま熟成させておきましょう。

せっかくいただいた大切なご縁を無理に解く必要はなく、またいつか固く結ばれる時が来るかもしれません。

ご縁は移りゆくものです。

自分が成長し続けているなら、自分のステージも変わり、出会う人も変化します。

85　自己成長の種を見つけてみる

厳しい出逢いが教えてくれること

「あんな人と出逢わなければよかった・・・」と嘆く人がいます。

特に組織に属している方は、避けられない出逢いもあり、毎日顔をあわせるだけでも苦痛に感じることもあるでしょう。

出逢いの中には居心地のよい出逢いだけでなく、厳しい出逢いもやってきます。

しかしよく見つめてみると、その出逢いにも気づきや学びがあります。

その人がいたからこそ自分の愚かさに気づけた、大切なものが何かをよくわかった、おかげで心が鍛えられた・・・。

それだけでも、出逢った意味はあるのではないでしょうか？

もしその出逢いによって自分の心と体が壊れそうであれば、その場を離れる選択も必要です。

しかし多くの場合、厳しい出逢いにも自己成長させる学びや気づきが含まれているような気がします。

大事なことは、その気づきや学びをこれからの人生に活かすことです。

私も過去に、厳しいと感じる出逢いがありました。当時は騙された、裏切られたと思っていましたが、今思えばその出逢いがあったからこそ強くなれたと思っています。

86　大切にしている教え

神様からの上級者用テスト

空港で働いていたときのことです。新人の頃、あるお客様の言動に戸惑う出来事がありました。接客後、私はスッキリしない表情を浮かべていたのでしょう。それを見た上司がすかさず、ある言葉をかけてくれました。

「嫌味を言われても、ジョークの1つでも言って、さらりと切り返せるようになったら1人前だよ」

私はその言葉にハッと気づかされました。まだまだ未熟だな・・・と。

人は価値観や考え方も異なりますので、意見が異なることも当然あります。

それを理解した上で、どのように接するかが問われるのでしょう。

相手を受け入れる心を、試されている気がします。

万が一、厳しい出逢いだと思う方が目の前に現れたら、「神様が私にとって嫌な人・苦手な人に姿を変えて自分をテストしているのだろう」と考えるようにしています。

悪意を持って言ってくる人が現れたとしたら・・・「神様からの上級者用テストね」と思って、ジョークでさらりと対応したいですね。

87　１つの出逢いが人生を変える

心に残る出逢いこそ人生を豊かにする

人生は面白いもので、１つの出逢いで人生が大きく変わることがあります。

特に起業してからは、私の人生を変えるキッカケをつくってくれたキーパーソンとなる方が何人か存在します。

キーパーソンとの出逢いは、絶妙なタイミングでした。

あのとき、あの場所を通っていたから・・・。

あの日、あの会合を予約できたから・・・。

少しでもタイミングがずれていたら、出逢っていなかったと思います。

更に、Ａさんに出逢えたから、Ｂさんに出逢えて・・・と、ご縁が繋がり、その先で出逢った方が人生を変えるキーパーソンになったこともあります。

今までのタイミングを考えると、出逢いというのは〝出逢うべくして出逢えるもの〟なのかもしれません。しかし、その後にご縁を結べるかは、自分次第です。

たった1つの出逢いが、自分のステージを上げてくれます。ステージが上がると、見える世界が変わります。

そして新たなステージで、また新たな出逢いを生み出し、更にステージが高まることもあります。

一段上のステージから見た景色は新鮮で、よい刺激を与えてくれます。価値観や考え方にも、大きな影響を受けます。

但し、ステージを一段上げたらそこで終わるのではありません。素晴らしい出逢いを創り続けることです。

そしていつか、自分のステージを上げていただいた恩返しに、今度は誰かのステージが高まるようなサポートができたら素晴らしいですね。

よい連鎖をもたらす存在を目指し、ご縁の恩返しをしましょう。

88　〝人生は有限だからこそ〟の考え

今の出逢いに感謝

人生は無限ではなく、限りあるものです。いつか、出逢った人たちと別れのときがやって来るのです。

頭ではわかっていても、普段私達は、目の前にいる人との突然の別れを想像して過ごしません。

当然また会えると思って、過ごします。

そしてある日突然失ったときに、初めてその存在の大きさに気づきます。

そう考えると、今、目の前にいる相手との接し方も変わり、一緒に過ごす時間がより大切なものに感じられるのではないでしょうか？

人が一生に出逢える人、更にそこからご縁に繋がる人の数には限度があります。

そのような中で、自分の人生に関わってくれた人達との出逢いはとても貴重であり、かけがえのない出逢いなのでしょう。

素晴らしい出逢いというのは、既にあなたのそばにあるのかもしれませんね。

まずは、あなたのそばにいる人の存在に〝気づく〟ことから始めてみてはいかがでしょうか？

禅語に「我逢人《がほうじん》」という言葉があります。

「人との出逢いこそがすべての始まりである」という意味で、人と人との出逢いの尊さを表現しています。人は、1人で物事を成し遂げることはできません。自分以外の誰かがいるからこそ、物事が生まれて形づくられるものです。

私達は生まれたときから周りの人に助けられ、支えられながら成長していきます。

大人に成長してからも、常に誰かの恩恵を受けながら生きていきます。

感謝の心で接し、相手も自分も幸せになれる出逢いになれば、お互いの人生はより輝いたものになるのでしょう。

「人生は有限だからこそ、今の出逢いに感謝」

いつも心に留めておきたい言葉です。

●第7章のまとめ●「印象力5つの魔法を活かす88のルール・84〜88」

84 ∞ご縁のタイミングを見極めよう

85 ∞厳しい出逢いを自己成長に繫げよう

86 ∞目の前の人に戸惑ったときは、神様のテストだと思ってみよう

87 ∞ご縁の恩返しをしよう

88 ∞すべての出逢いに感謝しよう

あとがき

最後までお読みくださり、ありがとうございました。

過去を振り返りながら、多くの出逢いを通して学んだことや体験したことを書き上げました。

執筆中、これまで出逢った方や人生を変えるきっかけをつくってくださった方のお顔が順番に浮かび、改めてご縁に恵まれていることを感じています。

コロナウィルスの影響で、現在厳しい状況の方は多いと思います。

私自身も他人事ではありません。

この状況の中で、自分はどのようなことで社会に貢献できるのだろうかと考えたとき、導き出された答えは〝言葉で想いを伝える〟でした。

微力ながら自分の経験を言葉で伝えることで、少しでもお役に立てることがあればと思い執筆致しました。

希望を失わず自分を信じて努力していれば、切り抜ける手段は必ずあると信じています。

一番難しいことは、自分を信じることなのかもしれません。実際、過去の私がそうでした。

人にどれだけ「なんとかなるよ」と励まされても、どん底にいるとなんとかなる手段がわかりません。「あなたなら、やれるよ！」と言われても、経験したことがないから信じられません。

何をどうすればよいのかわからず、不安でした。

しかしあるとき、〝覚悟〟を決めました。

「どん底にいるのなら失うものは何もない」と腹をくくる気持ちでやり続けたら、なんとかなりましたし、私でもできました。

私に足りなかったものは、〝覚悟〟だったのです。

覚悟さえあれば、目の前にある壁は乗り越えられるのだと気づきました。

「覚悟をもってことにあたる」

これが、皆様に贈る最後のメッセージです。

あなたなら、きっとできます。

おかげさまで、私が今日まで心身ともに元気で過ごせたのは、周りの皆様の温かな支えがあったからです。

出逢えたことに感謝し、そしてこれから出逢える方に対して、ワクワクした気持ちでご縁を結び続けたいと思います。

最後に、今回の出版のきっかけをつくってくださった、箱田忠昭先生、出版に至るまで温かくサポートしてくださった、小山睦男様、本書の発行にご尽力くださいました、株式会社セルバ出版様、素敵なイラストを制作してくださいました、尾田ちひろ様、いつも私を支えてくれる皆様に、心から感謝申し上げます。

ありがとうございました。
本書を手に取ってくださった皆様がいつまでも健康で、人生がより輝いたものになりますよう、願いを込めて・・・。

２０２０年12月

高倉　友美

著者略歴

高倉　友美（たかくら　ともみ）

印象力プロデューサー
株式会社 P&C カラーズ 代表取締役。
1972 年新潟県生まれ。
空港での旅客案内サービスに従事し、英会話スクールの営業へ転職。印象力の基礎を培う。その後、結婚・出産・育児を経験。女性の心身の健康とマナーの必要性を感じ、起業を決意。起業後は、第一印象とコミュニケーションスキルの重要性を実感し、過去の経験を活かして「印象力」プログラムを確立させる。現在は主に、印象力・ビジネスマナー・コミュニケーションスキルの企業研修・教育事業を行う。

人生を変えるご縁を創る「印象力」5つの魔法

2021年 1 月16日　初版発行

著　者　高倉　友美

発行人　森　忠順

発行所　株式会社 セルバ出版
〒 113-0034
東京都文京区湯島 1 丁目 12 番 6 号 高関ビル 5 B
☎ 03（5812）1178　　FAX 03（5812）1188
https://seluba.co.jp/

発　売　株式会社 三省堂書店／創英社
〒 101-0051
東京都千代田区神田神保町 1 丁目 1 番地
☎ 03（3291）2295　　FAX 03（3292）7687

印刷・製本　モリモト印刷株式会社

Printed in JAPAN
ISBN978-4-86367-630-5